네트워크 기본

후쿠나가 유지 지음 | 이영란 옮김

정보문화사
Information Publishing Group

그림으로 완전 해석
네트워크 기본

초판 1쇄 인쇄 | 2024년 7월 5일
초판 1쇄 발행 | 2024년 7월 10일

지 은 이 | 후쿠나가 유지
옮 긴 이 | 이영란

발 행 인 | 이상만
발 행 처 | 정보문화사

책임편집 | 노미라
편집진행 | 명은별

주   소 | 서울시 종로구 동숭길 113 정보빌딩
전   화 | (02)3673-0037(편집부) / (02)3673-0114(代)
팩   스 | (02)3673-0260
등   록 | 1990년 2월 14일 제1-1013호
홈페이지 | www.infopub.co.kr

I S B N | 978-89-5674-978-5

온라인 수업이나 재택 근무가 일상화되면서, 네트워크는 우리 생활에서 **빼놓**을 수 없는 중요한 존재가 되었다. 하지만 네트워크가 실제로 어떻게 구성되어 있고, 어떠한 구조로 작동하는지는 모르는 경우가 의외로 많다.

이 책에서는 네트워크에 초점을 맞춰, 네트워크의 기초를 배우는 데 필요한 지식을 알기 쉽게 다루고 있다. 꼭 알아두어야 할 네트워크 기본 지식, 네트워크에서 중심 역할을 하는 TCP/IP의 기초와 구조, 각종 네트워크 기기의 기능, 네트워크 앱의 통신 절차, 악의를 가진 사람으로부터 정보를 지키는 보안 그리고 실제 운용에 도움이 되는 지식이나 팁 등을 담고 있다.

각 항목의 설명에는 가능한 한 구체적인 예시나 계산 방법 등을 다양하게 넣어 해당 기술이 어디에서 사용되는지 쉽게 파악할 수 있도록 했다. 또한 최신 동향에 맞춘 정보를 실었으며, 그림과 표를 풍부하게 활용했다. 특히 그림을 올 컬러로 삽입해 독자의 시각적 이해를 높일 수 있도록 했다.

네트워크를 '어렵다'고 생각하는 이유는 그 내부를 직접 보거나 만질 기회가 적어, 개념만으로 이해하려고 하기 때문이다. 그래서 이 책을 보는 독자는 본문에서 설명하는 각 항목이 컴퓨터에서 어떻게 사용되는지, 실물을 만지고 확인하면서 읽어 갈 것을 권장한다. 실물과 이론을 오가며 둘의 이미지를 연결하면 네트워크를 더욱 깊이 이해할 수 있을 것이다.

이 책이 네트워크를 배우기 위한 정보 소스로, 실무에 활용하기 위한 설명서로, 자격증 취득을 위한 참고 자료로 여러분의 스킬 향상에 도움이 되기를 바란다.

CONTENTS

CONTENTS

Chapter 3 TCP/IP 통신 원리

CONTENTS

Chapter **6** 네트워크 보안

Chapter 7 네트워크 구축과 운용

CONTENTS

네트워크
기본 지식

이 장에서는 컴퓨터 네트워크를 배울 때 피해갈 수 없는, 기본 중의 기본이라 할 수 있는 항목을 다루고 있다. 네트워크에서 중요한 개념과 앞으로 배워야 할 네트워크의 전체 이미지를 알 수 있다.

01 컴퓨터와 네트워크

IT에서 ICT로

"computer"라는 영어 단어가 "compute(계산하다)"와 "er(~하는 사람)"이 합쳐져 만들어졌다는 것은 누구나 알고 있을 것이다. 원래 컴퓨터는 '계산을 하기 위한 기계'였다. 그렇다면 오늘날 우리가 사용하고 있는 PC, 스마트폰, 휴대전화와 같은 컴퓨터 기기는 어떠한가? 메일을 읽고, SNS를 즐기고, 정보를 검색하고, 온라인 게임을 하고, 워드로 서류를 만드는 등 오늘날의 컴퓨터는 단순한 계산 기계라고 할 수 없을만큼 다양한 용도로 사용되고 있다. 게다가 컴퓨터의 폭넓은 용도를 생각해보면 예전과는 다른 큰 차이가 하나 있다. 바로 컴퓨터 기기가 단독으로 작동하지 않고, 대부분의 작업에서 '통신이 필수'가 되었다는 사실이다.

이 사실은 기술분야를 나타내는 말의 변천만 봐도 알 수 있다. 지금 'IT'라는 말을 모르는 사람은 거의 없을 것이다. IT는 Information Technology(정보기술)의 머리글자를 따서 만든 용어로, 컴퓨터와 관련된 기술분야를 가리킬 때 사용된다. 이와 더불어 최근에 자주 보이는 용어로 'ICT'가 있다. 이것은 Information and Communication Technology(정보통신기술)의 약자로, 컴퓨터와 통신을 조합하여 구현할 수 있는 기술분야를 가리킨다. 이제 컴퓨터와 통신은 떼려야 뗄 수 없는 관계가 된 것이다.

네트워크란?

컴퓨터가 갖고 있는 계산 기능은 컴퓨터라는 하드웨어와 OS 또는 애플리케이션이라는 소프트웨어에 의해 구현된다. 그렇다면 통신 기능은 무엇에 의해 구현될까? 바로 '네트워크'다. 우리말로 표현하면 '통신망'이다. 컴퓨터를 알려면 하드웨어와 소프트웨어를 알 필요가 있다. 이와 마찬가지로 통신을 알려면 네트워크를 알아야 한다.

이 책의 주제가 바로 이 네트워크다.

● **통신에 대한 주목도는 용어의 변천에도 나타난다**

예전부터 많이 들은 용어

컴퓨터와
관련된 기술

IT

정보기술
Information Technology

최근 자주 듣게 되는 용어

컴퓨터와 통신이
합쳐진 기술

ICT

정보통신기술
Information and Communication Technology

통신, 즉 네트워크는 이제 필수다!

● **이 책에서 주로 다루는 범위**

③ 컴퓨터의
네트워크 설정

① 집이나 사무실의
네트워크

② 인터넷

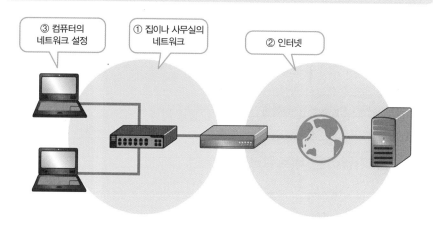

관련
용어 인터넷 연결 P.20

02 네트워크를 배울 때의 마음가짐

요즘은 원리를 몰라도 설명서대로 따라하면 네트워크를 쉽게 사용할 수 있다. 개인적인 경우라면 그래도 상관없지만, 네트워크 관련 업무에 종사하는 경우에는 그 안에서 어떤 일이 일어나는지를 제대로 이해해야 한다.

▌ 어디에서 무엇을 하는지 정리해서 생각한다

이제부터 네트워크와 관련된 여러 가지 개념과 기술에 대해 이야기할 텐데, 한마디로 말하자면 네트워크의 역할은 '앱들이 뭔가를 하기 위해 데이터를 주고받을 수 있도록 해주는 것'이다. 최종적으로 하는 일은 지극히 단순하다.

어려워 보이는 용어는 어떤 규칙이나 형식, 절차를 나타낸 것에 지나지 않는다. 어떤 것을 구현하기 위해 필요로 하는 데이터 전송을 위한 규칙이거나 사용하는 기기 및 통신 매체 또는 서비스별로 정해진 데이터의 형식이나 절차를 표현한 것이다. 예를 들어 웹 페이지를 보는 경우, 웹 브라우저와 웹 서버라는 두 개의 앱이 사용된다. 여기에는 서로 주고받는 데이터의 형식이나 절차가 정해져 있으며, HTTP 또는 HTTPS라는 이름이 붙어 있다. 이 외에도 데이터를 전송하는 규칙이 있어서, 상대를 지정하기 위한 주소나 데이터가 깨졌을 때 다시 전송하는 절차 등도 정해져 있다. 컴퓨터가 보내는 데이터는 전기 신호나 광 신호로 바뀌어 전선이나 광 섬유 안으로 들어가는데, 그 과정에서 여러 가지 기기를 경유하면서 경로의 끝에 있는 상대 컴퓨터에 데이터가 도달하게 된다.

이처럼 각 과정을 분해해서 정리하여 생각하면, 복잡해 보이는 네트워크 세계도 '아, 그렇구나!' 하고 쉽게 이해하면서 배워갈 수 있을 것이다.

▌ 집이든 기업이든 네트워크의 본질은 똑같다

집에서 사용하는 네트워크든 기업에서 사용하는 네트워크든 기본적인 원리에는 큰 차이가 없다. 기업에서는 매일 제대로 관리하며 항상 사용 가능하도록 신뢰성을 높이고, 보안을 엄격하게 요구하므로 그에 상응하는 고성능 기기를 사용한다. 그래서 뭔가 대단한 것처럼 보이지만 지레 겁먹을 필요는 없다. 꼭 실물도 만져보면서 재미있게 배워가 보자.

● **'일단 작동한다'면 이제 네트워크 내부에 도전해 보자**

설명서대로 했더니 사용
할 수 있게 되었지만
이 안에서 어떤 일이 일어
나는지 좀 더 알고 싶다

● **앱끼리 데이터를 주고받을 수 있도록 하는 것이 네트워크의 일**

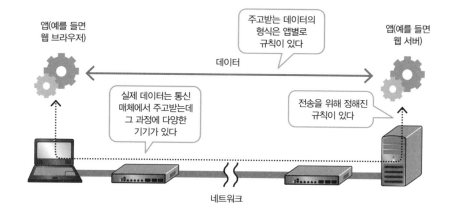

앱(예를 들면
웹 브라우저)

주고받는 데이터의
형식은 앱별로
규칙이 있다

데이터

앱(예를 들면
웹 서버)

실제 데이터는 통신
매체에서 주고받는데
그 과정에 다양한
기기가 있다

전송을 위해 정해진
규칙이 있다

네트워크

● **기본 구조는 둘 다 똑같다**

기업

• 제대로 된 관리
• 높은 신뢰성
• 엄격한 보안

집

• 손쉬운 사용
• 적당한 신뢰성
• 무난한 보안

관련
용어 HTTP P.118 | HTTPS P.120 | TCP/IP P.40 | 응용 계층 P.52 | 통신 프로토콜 P.24

03 LAN과 WAN

▐▌ LAN과 WAN의 차이

네트워크는 크게 LAN(Local Area Network)과 WAN(Wide Area Network)으로 나눌 수 있다. LAN은 사무실이나 집과 같이 하나의 거점 안에 있는 네트워크를 가리킨다. 예전에는 여러 LAN규격이 있었지만, 최근에는 대부분의 환경에서 이더넷(4-01 참조)을 사용하고 있기 때문에 LAN과 이더넷을 거의 똑같은 뜻으로 사용하는 경우가 많다. LAN 케이블을 사용하지 않고 전파 등으로 연결하는 무선 LAN(4-04 참조)도 사용한다.

한편 WAN은 거점과 거점을 연결하기 위한 네트워크를 가리킨다. 이런 회선은 대부분 통신 사업자가 소유하고 있기 때문에 보통은 통신 사업자로부터 회선을 빌려 사용하게 된다. 인터넷 연결 서비스를 사용하기 위해 사무실이나 집에 설치하는 회선을 WAN이라고 하는 경우도 있다. WAN은 통신 사업자의 설비를 빌려 쓰게 되므로 설비 사용료 또는 통신 서비스 이용료를 지불해야 한다. 반면에 LAN은 자신의 설비를 이용하는 경우가 많으므로 보통 이런 요금이 발생하지 않는다.

▐▌ 인터넷은 WAN일까?

인터넷은 인터네트워킹(1-04 참조)에 의해 전세계의 네트워크를 연결한 세계 규모의 통신 네트워크이다. 그 안에서 통신 사업자의 WAN 회선을 이용하고 있는 것은 사실이다. 하지만 인터넷이라는 이름은 이렇게 세계적으로 연결되어 있는 네트워크 전체를 가리키는 것이기 때문에 인터넷=WAN이라고는 할 수 없다.

한편, 인터네트워킹을 하기 위해서는 거점과 거점의 네트워크를 연결할 필요가 있다. 이 연결에는 앞에서 설명했듯이 WAN을 이용해야 한다. 그러므로 '인터넷에서 WAN을 사용하고 있는가?'라는 질문에는 그렇다고 답할 수 있다.

● LAN과 WAN의 관계

하나의 거점 내부의 네트워크를 LAN, 거점과 거점을 연결하는 네트워크를 WAN이라고
한다.

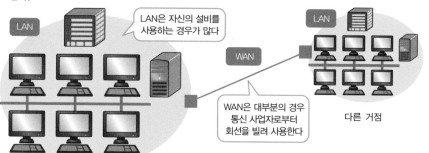

> LAN은 자신의 설비를 사용하는 경우가 많다

> WAN은 대부분의 경우 통신 사업자로부터 회선을 빌려 사용한다

다른 거점

● 인터넷=WAN은 아니다

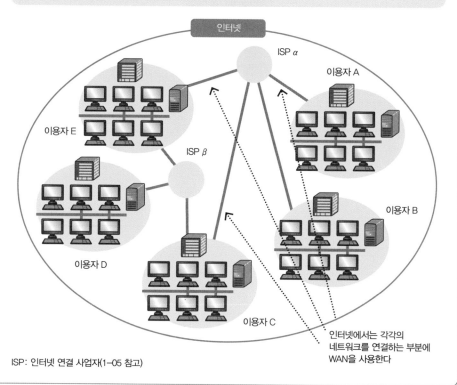

인터넷에서는 각각의
네트워크를 연결하는 부분에
WAN을 사용한다

ISP: 인터넷 연결 사업자(1–05 참고)

관련
용어   무선 LAN P.104 │ 이더넷 P.98 │ 인터네트워킹 P.18 │ 인터넷 연결 서비스 P.176

04 인터네트워킹의 개념

▌ 인터네트워킹이란?

컴퓨터를 연결한 네트워크가 여러 개 있을 때 그 네트워크들을 서로 연결한 것을 인터네트워킹이라고 한다. 또한 그렇게 만들어진 네트워크의 집합체를 일반 명사로 인터넷이라고 한다.

인터네트워킹에서는 단순하게 하나의 거대한 네트워크를 만들지 않고, 여러 개의 네트워크를 집합시켜 커다란 연결 관계를 만든다. 이렇게 하면 불필요한 통신을 전체 네트워크에 확산시키지 않고, 고장의 영향이 한정된 범위에만 미치도록 할 수 있다. 각각의 네트워크를 독자적인 방침에 따라 관리할 수 있다는 장점도 있다.

▌ 인터네트워킹에 필요한 것

인터네트워킹을 하려면 이를 위한 기능을 갖춘 통신 프로토콜(통신 절차 규칙, 1-07 참조)이 필요하다. 현재 가장 일반적인 TCP/IP 네트워크에서는 IP(Internet Protocol, 2-04 참조)가 그 기능을 하고 있다.

IP는 각각의 네트워크가 서로 다른 네트워크 주소(네트워크를 식별하는 번호)를 갖는 것이다. 해당 네트워크 주소를 단서로, 라우팅이라는 기능에 의해 상대 네트워크까지 정보를 전송한다. 또한 네트워크로 연결되는 각 컴퓨터에는 IP 주소(2-09 참조)라는 고유한 식별 정보가 할당되어 있다.

▌ '인터넷'이라는 표현의 구분

그런데 인터네트워킹에 의해 구성되는 네트워크를 가리키는 일반 명사로서의 인터넷과 우리가 보통 메일이나 웹에서 이용하고 있는 고유 명사로서의 '인터넷'은 한글로 쓰면 표현이 동일해 상당히 혼동하기 쉽다. 영어로는 전자를 "an internet"이라고 쓰고 후자를 "Internet" 또는 "the Internet"이라고 구분해서 쓰므로 혼란이 적다고 한다. 이 책에서는 특별히 명시하지 않는 한 후자의 "the Internet"을 인터넷이라고 표기한다.

플러스 1 ▶ 2016년 무렵부터 영어로 된 일반 문서에서는 "the Internet(대문자 I)" 대신 "the internet(소문자 i)으로 표기하는 경우가 늘고 있다고 한다.

작은 네트워크를 연결하여 큰 네트워크를 만든다

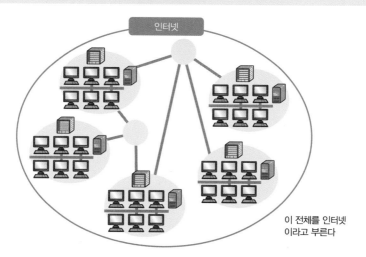

인터넷

이 전체를 인터넷
이라고 부른다

인터네트워킹의 장점

- 불필요한 통신을 전체 네트워크에 확산시키지 않는다
- 고장의 영향을 한정된 범위로 축소시킨다
- 각 네트워크를 각각의 독자적인 방침으로 관리할 수 있다 등

인터넷이라는 명칭은 조금 혼동하기 쉽다

인터네트워킹에 의해 구성되는 네트워크
넓은 의미의 인터넷
"an internet"

전세계가 연결되어 있는 소위 '인터넷'
좁은 의미의 인터넷
"the Internet" 또는 "Internet" 최근에는 "the internet"

한글로는 둘 다
인터넷이니까
좀 헷갈린다

※특별히 명시하지 않는 한 이 책에서는 좁은 의미로 사용한다

관련
용어 IP 주소 P.56 │ 네트워크 주소 P.62 │ 라우팅 P.86

05 인터넷 연결을 구성하는 요소

사무실이나 가정 영역

인터넷을 이용할 수 있는 사무실이나 가정의 네트워크는 보통 해당 거점까지 깔려있는 광 회선 등을 통해 회선 끝에 있는 인터넷과 데이터를 주고받는다.

통신 사업자가 설치하는 광 회선은 일반적으로 ONU(광 종단 장치)라는 기기를 거쳐 사무실이나 가정의 라우터 또는 각종 네트워크 기기(방화벽 등)로 연결된다. 웹 페이지용 서버 등을 공개하고 싶은 경우에는 그 끝에 DMZ라는 공개 서버용 영역을 만들어 그곳에 공개 서버를 놓는다.

인터넷 회선 영역

광 회선의 끝은 인터넷 회선을 제공하는 사업자의 설비가 설치된 컴퓨터로 이어진다. 보통은 전화국이 이에 해당한다. 전화국 끝에는 인터넷 회선 사업자의 내부 네트워크가 있고, 그곳을 통해 ISP(Internet Service Provider)와 연결되는 지점에 도달한다. 그리고 ISP의 네트워크로 들어간다.

ISP 영역

ISP에 들어간 후에는 ISP의 내부 네트워크(또는 ISP가 위탁한 타사 네트워크)를 거쳐 인터넷에 도달한다. ISP끼리의 상호 연결로 ISP가 인터넷에 연결되어 있는 상태가 된다. 이 연결 관계는 국내뿐만 아니라 해외 ISP까지 뻗어 있어 각각의 이용자가 서로 정보를 주고받을 수 있도록 관리하고 있다. ISP의 종류에는 국내외의 주요 연결망을 갖고 있는 1차 ISP, 1차 ISP에 연결되는 2차 ISP, 2차 ISP에 연결되는 3차 ISP 등이 있으며 각각 이용자를 갖고 있다. 또한 인터넷의 근원이 되는 데이터 센터는 미국에 있는데, 여기에 직접 연결되는 사업자를 티어 1(사업자)이라고 한다. 티어 1은 전 세계에 10개 정도뿐이다.

플러스 1 이와 같이 인터넷 연결에는 수많은 요소가 얽혀 있으므로, 인터넷에 연결할 수 없는 경우에는 우선 이 중 어느 것에 원인이 있는지를 조사한다.

● 사무실에서 인터넷으로(지금까지의 전형적인 예)

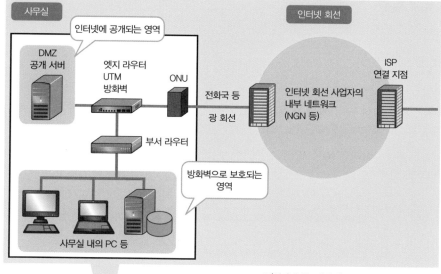

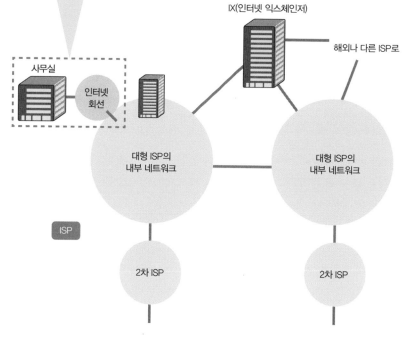

관련
용어 공개 서버 P.178 | 라우터 P.70 | 인터넷 연결 서비스 P.176

21

06 기업 네트워크의 구성

▓ WAN 이용

일반 가정의 네트워크는 보통 하나의 거점 안에서 이루어지지만, 기업과 같은 조직의 네트워크는 거점이 여러 개 있는 경우가 많아 구성도 복잡해진다. 예를 들면 본사와 여러 곳에 떨어져 있는 지점이나 영업소를 연결해야 하는 경우가 그렇다.

거점들을 연결하려면 통신 사업자가 제공하는 WAN 서비스를 이용해야 한다. 그중 하나가 광역 이더넷 서비스이다. 이더넷의 연장으로 이용할 수 있기 때문에 특별한 기기가 불필요하다는 점이 장점이며 보안도 확보된다. 요즘 이 서비스가 보급되면서 별다른 수고를 들이지 않고도 지정한 거점을 이더넷(4-01 참조)으로 직접 연결할 수 있게 되었다. 하지만 월 이용 요금이 상당히 비싸서 누구나 손쉽게 사용할 수 있는 것은 아니다.

거점들을 저렴하게 연결하고 싶을 때는 인터넷 VPN(Virtual Private Network, 4-06 참조)을 사용할 수 있다. VPN은 토대가 되는 어떤 네트워크 안에 다른 가상의 네트워크를 만들어내는 기술이다. 인터넷 VPN은 인터넷을 토대로 하여 보안을 위한 암호화 처리를 병행한다. 그렇기 때문에 보통의 인터넷 요금만으로도 손쉽게 이용할 수 있다는 점이 큰 매력이다. 단, 보안 강도나 통신 속도 면에서 광역 이더넷 서비스를 따라오지는 못한다.

▓ 인트라넷과 엑스트라넷

인트라넷이란 WWW, 이메일, TCP/IP와 같은 인터넷 기술을 활용하여 구축하는 조직 내 컴퓨터 네트워크를 말한다. 각종 서버나 네트워크 기기에 인터넷에서 사용하는 것과 똑같은 것을 사용하기 때문에 기기나 운용 비용을 줄일 수 있다.

한편 엑스트라넷은 똑같이 인터넷 기술을 활용하면서 다른 조직의 인트라넷을 연결하여 서로 정보를 주고받을 수 있게 한 것이다. 주로 전자상거래 등에 이용한다. 상대가 타사라는 점에서 인트라넷에 비해 보안에 대한 고려가 필요하다.

플러스 1 | 지점·영업소와 인터넷 통신을 할 때는 보안 유지를 위해 일단 본사를 경유하는 것이 일반적이지만, SD-WAN 기술을 이용하여 리스크가 적은 클라우드에 한정해 직접 정보를 주고받는 경우도 늘고 있다.

● 기업 내에서 사용하는 WAN

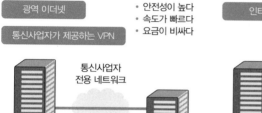

광역 이더넷	• 안전성이 높다
통신사업자가 제공하는 VPN	• 속도가 빠르다
	• 요금이 비싸다

인터넷 VPN
• 안전성은 그럭저럭
• 속도는 상황에 따라 달라진다
• 요금이 매우 싸다

통신사업자
전용 네트워크

암호화 필수

인터넷

● 인트라넷과 엑스트라넷

인트라넷은 인터넷 기술을 사용한 조직 내 네트워크이다.

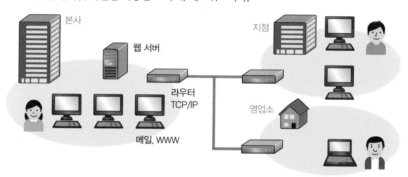

본사

웹 서버

지점

라우터
TCP/IP

영업소

메일, WWW

기업의 인트라넷끼리 연결한 것을 엑스트라넷이라고 한다.

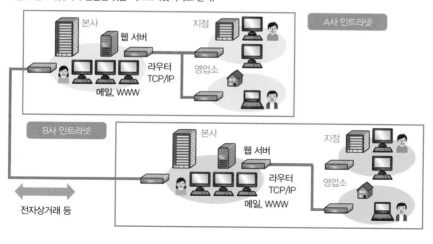

본사

웹 서버

지점

A사 인트라넷

라우터
TCP/IP

영업소

메일, WWW

B사 인트라넷

본사

웹 서버

지점

라우터
TCP/IP

영업소

메일, WWW

전자상거래 등

관련
용어
TCP/IP P.40 | VPN P.108 | WAN P.16 | WWW P.116 | 이더넷 P.98 | 이메일 P.122

07 통신 프로토콜

▓ 통신 프로토콜이란?

사람들이 대화를 할 때는 한국어와 한국어, 영어와 영어처럼 서로 사용하는 언어를 맞출
필요가 있다. 컴퓨터들이 통신을 할 때도 각 컴퓨터가 서로 똑같은 규칙에 따라 정보를
주고받아야 통신이 성립된다. 이렇게 각 컴퓨터들이 따라야 하는 규칙을 '통신 프로토콜'
또는 간단히 줄여 '프로토콜'이라고 한다.

통신 프로토콜은 '데이터 형식'과 '통신 절차'로 이루어진다. 데이터 형식은 정보를 어떤
형식으로 보낼지를 정해 놓은 것이며, 통신 절차는 어떤 순서로 무엇을 주고받을지를 정
해 놓은 것이다. 이처럼 통신 프로토콜에는 컴퓨터들이 어떤 순서와 어떤 형식으로 무슨
정보를 주고 받을지가 규정되어 있다.

통신 절차를 정하는 것은 상당히 복잡하고 방대한 작업이다. 절차 중에 일어날 수 있는
사건의 조합 수가 너무 많기 때문이다. 모든 경우의 수에 대해 '이 경우에는 이렇게 한다'
와 오류가 일어났을 때의 작동까지 모두 정해 놓을 필요가 있다. 그래서 보통은 하나의
통신 프로토콜에서 다루는 범위가 그다지 넓지 않다. 대부분의 통신 처리에서는 간략한
프로토콜을 여러 개 조합하여 사용한다.

▓ 통신 프로토콜을 정하는 방법

통신 프로토콜은 표준화라는 공정을 거쳐 전세계적인 공통 규격으로 공개되어 있다. 컴
퓨터의 OS와 같이 통신 처리를 담당하는 소프트웨어를 개발하는 조직 또는 허브나 라우
터와 같이 통신 기기를 개발하는 조직은 이 공개된 공통 규격에 기초하여 소프트웨어나
하드웨어를 개발한다.

인터넷에서 사용되는 대부분의 통신 프로토콜은 IETF(Internet Engineering Task Force)라는
표준화 단체가 책정하여 RFC(Request For Comments)라는 영어로 된 문서로 인터넷에 공
개한다. 이 문서를 읽으면 누구나 통신 프로토콜의 엄격한 정의를 알 수 있다.

● **통신 프로토콜에서 규정하는 것**

통신 프로토콜이 규정하는 것은 '데이터 형식'과 '통신 절차'이다.

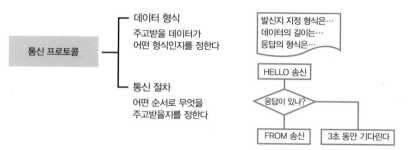

● **통신 프로토콜은 조합하여 사용하는 것이 일반적이다**

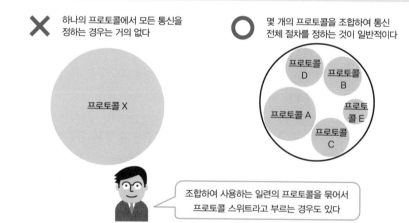

✕ 하나의 프로토콜에서 모든 통신을 정하는 경우는 거의 없다

○ 몇 개의 프로토콜을 조합하여 통신 전체 절차를 정하는 것이 일반적이다

조합하여 사용하는 일련의 프로토콜을 묶어서 프로토콜 스위트라고 부르는 경우도 있다

● **통신 분야의 대표적인 표준화 단체**

IETF	ITU	3GPP
Internet Engineering Task Force	International Telecommunication Union	Third Generation Partnership Project
주로 인터넷과 관련된 기술의 표준화 작업을 한다	전기 통신이나 무선 통신과 관련된 폭넓은 기술의 표준화 작업을 한다	주로 휴대전화와 같은 이동매체통신 시스템과 관련된 표준화 작업을 한다

표준화 단체는 이 외에도 많이 있다.

관련
용어 OSI 참조 모델 P.28 | TCP/IP P.40 | 레이어 P.26

08　레이어

▌ 레이어 구조로 만드는 이유

통신 프로토콜에는 다양한 종류가 있는데, '공통적인 기능'을 아래에 놓고 '개별적인 기능'을 위에 놓아 계층적으로 정하는 것이 일반적이다. 위의 기능이 아래의 기능을 이용하는 형태인 것이다. 이 개념을 알기 쉽게 요리 방법에 비유해서 생각해 보자.

예를 들어 '콩소메 수프 만드는 법'을 정한다고 해보자. 이때 필요한 절차 중, '야채 써는 법'과 '고기 자르는 법'과 같은 재료 가공법은 다른 요리에서도 사용할 수 있는 것들이다. 이런 재료 가공법의 절차를 아래에 놓고, '콩소메 수프 만드는 법'이라는 구체적인 조리법의 절차를 위에 놓는 형태로 계층화한다. 그리고 콩소메 수프를 만들 때 필요한 야채 써는 법과 고기 자르는 법은 아래에 놓여 있는 절차를 참고한다는 규칙을 정해 놓는 것이다. 이렇게 하면 '콩소메 수프 만드는 법'을 계층적으로 정할 수 있다. 이 개념은 실제로 요리를 할 때 분업에도 적용할 수 있다. 고기 자르기 담당자는 고기 자르는 법의 절차만 따르면 되는 것이다.

통신 프로토콜을 정하는 법도 이와 똑같은 개념으로 이루어진다. 통신에 필요한 복잡한 절차를 관련 있는 것끼리 묶어 공통적인 것이나 단순한 것을 아래에, 개별적이고 복잡한 기능을 위에 놓아 계층적으로 전체 규칙을 정한다. 이때 각 계층을 '레이어' 또는 '계층'이라고 부른다.

▌ 레이어 구조는 재편성이 용이하다

레이어 구조에는 또 다른 장점이 있다. 바로 계층의 경계를 설정함으로써 프로토콜의 위치가 명확해져 재편성이 용이하다는 점이다. 앞에서 예를 든 것처럼 조리법 레이어와 재료 가공법 레이어로 나누어져 있을 때 이번에는 생선 찌개를 만들고 싶다고 하자. 이 경우 '생선을 다듬는 법' 절차를 재료 가공법 레이어에 추가하고 '생선 찌개 만드는 법'을 조리법 레이어에 추가한다. 이 외의 '야채 써는 법'과 '고기 자르는 법'은 콩소메 수프에서 사용한 것과 똑같은 것을 사용할 수 있다. 이렇게 규칙을 재사용할 수 있는 이유는 레이어의 경계가 분명하기 때문이다. 이 점은 계층화가 갖고 있는 큰 장점 중 하나이다.

● 구현하고 싶은 규칙을 상하 계층으로 나눈다

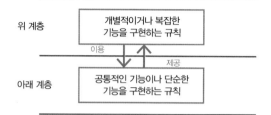

위 계층 — 개별적이거나 복잡한 기능을 구현하는 규칙

이용 ↕ 제공

아래 계층 — 공통적인 기능이나 단순한 기능을 구현하는 규칙

규칙의 각 계층을 '레이어'라고 부른다

● 레이어의 개념을 요리에 비유하면

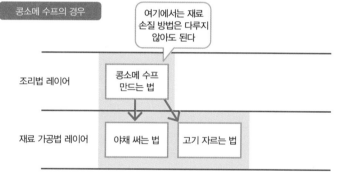

콩소메 수프의 경우

여기에서는 재료 손질 방법은 다루지 않아도 된다

조리법 레이어 — 콩소메 수프 만드는 법

재료 가공법 레이어 — 야채 써는 법 / 고기 자르는 법

이런 절차를 조합하여 사용하면 콩소메 수프를 만들 수 있다!

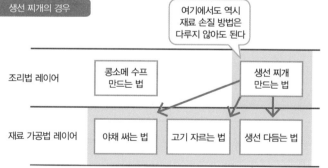

생선 찌개의 경우

여기에서도 역시 재료 손질 방법은 다루지 않아도 된다

조리법 레이어 — 콩소메 수프 만드는 법 / 생선 찌개 만드는 법

재료 가공법 레이어 — 야채 써는 법 / 고기 자르는 법 / 생선 다듬는 법

이런 절차를 조합하여 사용하면 생선 찌개를 만들 수 있다!

관련 용어 OSI 참조 모델 P.28 | TCP/IP 레이어 P.40 | 통신 프로토콜 P.24

09　OSI 참조 모델

OSI(Open Systems Interconnection) 참조 모델은 컴퓨터 네트워크에 필요한 기능을 7개의 계층을 사용하여 정리한 것이다. 모델이라는 명칭에서 알 수 있듯이 이것은 파악 방법 또는 정리 방법 중 하나로, 이것이 어떤 설계도가 되지는 않을뿐더러 유일하고 절대적인 것도 아니다. 하지만 통신에 필요한 기능이 잘 정리되어 있기 때문에 통신 기능을 배우거나 설계할 때 기초가 되는 지식으로 널리 사용된다.

OSI 참조 모델은 통신 시스템을 구성하는 요소로 다음 7개를 정의하고 있다. 바로 물리 계층(레이어 1), 데이터 링크 계층(레이어 2), 네트워크 계층(레이어 3), 전송 계층(레이어 4), 세션 계층(레이어 5), 표현 계층(레이어 6), 응용 계층(레이어 7)이다. 이 계층들은 밑에서부터 순서대로 쌓아 올려, 하위 계층은 상위 계층에 대해 보다 공통적인 기능을 제공하고 상위 계층은 하위 계층을 이용하여 자신의 기능을 구현한다는 개념을 갖고 있다.

예를 들면 데이터 링크 계층은 서로 직접 연결되어 있는 컴퓨터들의 통신 기능을 구현한다. 그 위에 있는 네트워크 계층은 데이터 링크 계층이 구현하는 기능(직접 연결된 컴퓨터들의 통신)을 호출하고 중계 기능을 추가함으로써, 네트워크 계층 자체가 직접 연결되어 있지 않은 컴퓨터들의 통신 기능을 구현한다. 그리고 그 위에 있는 전송 계층은 네트워크 계층이 구현하는 기능(임의의 컴퓨터간의 통신)을 호출하고 신뢰성 향상을 위한 재전송 기능을 추가하여, 통신 용도에 따른 특성을 구현한다.

OSI 참조 모델과 같이 어떤 개념이나 구성으로 네트워크를 만들지를 정한 기본적인 체계를 '네트워크 아키텍처'라고 한다. 대표적인 네트워크 아키텍처로 OSI 참조 모델 외에 TCP/IP 모델(2-01 참조)이 있다.

플러스 1 　네트워크 아키텍처의 각 계층별 처리 프로그램을 하나로 묶은 것을 일반적으로 '프로토콜 스택'이라고 한다. 'TCP/IP 프로토콜 스택'과 같이 사용한다.

● OSI 참조 모델에서는 통신 기능을 7계층으로 정리한다

레이어 7 (L7)	응용 계층	⋯⋯ 구체적인 통신 서비스를 구현한다(메일, 웹 등)
레이어 6 (L6)	표현 계층	⋯⋯ 데이터의 표현 형식을 상호 교환한다
레이어 5 (L5)	세션 계층	⋯⋯ 통신 시작부터 종료까지의 절차를 구현한다
레이어 4 (L4)	전송 계층	⋯⋯ 신뢰성 향상 등 용도에 맞는 특성을 구현한다
레이어 3 (L3)	네트워크 계층	⋯⋯ 중계 등으로 임의의 기기간 통신을 구현한다
레이어 2 (L2)	데이터 링크 계층	⋯⋯ 직접 연결된 기기간 통신을 구현한다
레이어 1 (L1)	물리 계층	⋯⋯ 커넥터 모양이나 핀 개수 등 물리적인 연결을 정한다

계층명 대신 '레이어 O'나 'LO'
라고 부르는 경우가 많다
예) '데이터 링크 계층' 대신
   '레이어 3'이나 'L3'

레이어를 나타내는 숫자는 영어로 읽든
한글로 읽든 상관없다
예) 레이어 일, 레이어 이, 레이어 원,
   레이어 투, 엘 일, 엘 이, 엘 원, 엘 투

각 계층은 하위 계층의 기능을 사용하여 통신 처리를 하고, 그것을 상위 계층에게 제공한다.

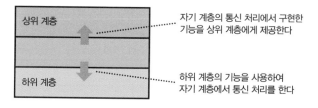

| 상위 계층 | 자기 계층의 통신 처리에서 구현한 기능을 상위 계층에게 제공한다 |
| 하위 계층 | 하위 계층의 기능을 사용하여 자기 계층에서 통신 처리를 한다 |

● OSI 참조 모델과 프로그램의 관계

OSI 참조 모델의 기능 분류를 실제 프로그램 구조에 반영하면…

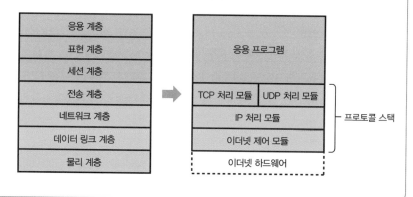

| 응용 계층 |
| 표현 계층 |
| 세션 계층 |
| 전송 계층 |
| 네트워크 계층 |
| 데이터 링크 계층 |
| 물리 계층 |

응용 프로그램

TCP 처리 모듈	UDP 처리 모듈
IP 처리 모듈	
이더넷 제어 모듈	

├ 프로토콜 스택

이더넷 하드웨어

관련 용어 TCP/IP 모델 P.42 │ 레이어 P.26 │ 통신 프로토콜 P.24

10   클라이언트 서버와 피어투피어

통신을 하는 컴퓨터들의 관계는 그 역할 분담에 따라 크게 클라이언트 서버형과 피어투피어형으로 분류할 수 있다.

▌ 클라이언트 서버형의 특징

클라이언트 서버형의 경우는 컴퓨터에 서버와 클라이언트라는 두 종류의 역할이 있다. 서버는 대부분의 기능을 제공하는 '주', 클라이언트는 서버가 제공하는 기능을 사용하는 '종'이라는 관계를 갖고 있다.

클라이언트 서버형에서는 서버에 높은 처리 능력이 요구되지만, 클라이언트에는 그다지 높은 처리 능력을 필요로 하지 않는다. 그래서 사용 기기가 많은 클라이언트에 저가의 컴퓨터를 이용하여 시스템 전체 가격을 낮출 수 있다. 또한 대부분의 중요한 기능을 서버가 제공하기 때문에 보수 운용의 중점을 서버에 둘 수 있다는 장점이 있다. 하지만 만일 서버가 고장 나면 그 영향이 크다. 또, 본사 등에 설치한 서버가 여러 거점으로 서비스를 제공하는 경우에는 바로 옆에 있는 컴퓨터끼리 정보를 주고받을 때에도 원격지의 서버를 경유하여 처리하게 되므로, 통신량이 증가하거나 반응 속도가 떨어지는 경우가 있다.

▌ 피어투피어형의 특징

한편 피어투피어형의 경우 각 컴퓨터는 대등한 관계에 있어, 일반적으로 고정적인 역할이 정해져 있지 않다.

피어투피어형은 중심적인 기능을 제공하는 컴퓨터가 존재하지 않기 때문에 특정 컴퓨터의 고장으로 대부분의 네트워크 기능이 마비되는 일이 일어나기 힘들다. 미리 역할 분담을 정할 필요가 없으므로 네트워크에도 쉽게 참가할 수 있다. 반면 각 컴퓨터에 일정 수준 이상의 처리 능력이 요구되기 때문에 각각의 처리에 부하가 걸리는 용도에는 적합하지 않다. 주로 처리량이 적어도 괜찮은 용도에 사용한다.

플러스 1   스마트폰과 피어투피어 기술을 조합하여 손쉽게 사용할 수 있으면서 가볍게 움직이는 새로운 통신 서비스가 여러 가지 모색되고 있다. 이를 위한 기반 기술로는 WebRTC 등이 있다.

● 클라이언트 서버형의 역할 분담

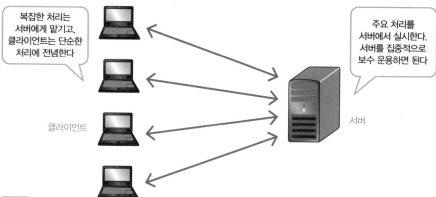

복잡한 처리는 서버에게 맡기고, 클라이언트는 단순한 처리에 전념한다

주요 처리를 서버에서 실시한다. 서버를 집중적으로 보수 운용하면 된다

클라이언트

서버

특징

- 사용 기기가 많은 클라이언트에 저렴한 컴퓨터를 사용할 수 있으므로 비용이 절감된다
- 유지 보수의 중점을 서버에 둘 수 있어서 클라이언트는 간단한 유지 보수만 하면 된다
- 서버가 고장 나면 시스템 전체에 큰 영향을 미칠 가능성이 있다

● 피어투피어형의 역할 분담

고정적인 주종 관계를 정하지 않고, 서로 대등한 입장에서 처리를 의뢰한다

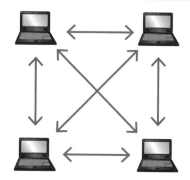

특징

- 중심적으로 기능하는 컴퓨터가 없으므로 한 대의 고장이 시스템 전체에 큰 영향을 미칠 우려가 적다
- 각 컴퓨터에 대해 유지 보수를 할 필요가 있으므로 유지 보수 비용이 올라갈 가능성이 있다
- 일반적으로 참가하는 컴퓨터의 처리 능력이 그다지 높지 않으므로, 방대한 처리를 요하는 용도에는 적합하지 않다

관련 용어 서버 P.174 | 클라이언트 P.174

11 회선 교환과 패킷 교환

이용 효율이 좋은 패킷 교환

통신에서 어떤 데이터를 특정 상대에게 보내는 것을 '교환'이라고 한다. 영어로는 "switching"이라고 하는데 이쪽이 더 직관적으로 들릴 수 있다. 이러한 교환을 할 때 회선 자체를 바꿔 연결하는 방식을 '회선 교환'이라고 한다. 연결한 회선은 아무에게도 방해받지 않고 상대와의 통신에만 사용할 수 있다는 장점이 있다. 하지만 데이터를 주고받지 않을 때도 그 회선을 쓸데없이 점유하고 있게 된다.

최근에는 회선 교환 대신 '패킷 교환'이 널리 사용되고 있다. 패킷 교환은 전달하고자 하는 데이터를 패킷이라는 작은 크기의 데이터로 나눠, 패킷에 적힌 목적지에 맞춰 상대에게 일련의 데이터를 전송하는 것이다. 패킷 교환의 경우 회선을 쓸데없이 점유하는 일이 발생하지 않아 통신 효율을 높일 수 있다.

패킷은 데이터를 작게 나눈 것

일반적으로 패킷은 데이터를 일정한 크기로 작게 나눠 그 앞에 헤더를 추가한 형태를 띤다. 헤더에는 데이터를 보낼 목적지나 발신지 정보, 포함되는 데이터에 관한 정보 등이 지정되어 있다. 패킷의 구체적인 형식은 프로토콜마다 데이터 형식으로 정의되어 있다.

또한 네트워크 인터페이스 규격 중 하나인 이더넷에서 이처럼 데이터를 작게 나눈 것을 프레임이라고 부른다. 명칭만 다를 뿐 개념은 똑같다. 보통 하드웨어와 밀접한 관계에 있는 것을 프레임, 소프트웨어에서의 처리가 중심이 되는 것을 패킷이라고 부르는 경우가 많다. 또한 이들을 총칭하여 PDU(Protocol Data Unit)라고 부르기도 한다.

플러스 1 패킷 교환은 전송하는 장치를 같이 사용하기 때문에 비어 있을 때는 빨리 도착하고 혼잡할 때는 다소 시간이 걸릴 수 있다. 회선 교환에서는 이런 일이 일어나지 않는다.

● **회선 교환 이미지**

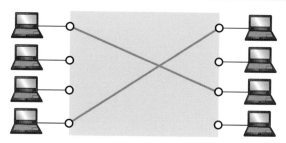

상대와 물리적인 회선을 연결하여 데이터를 주고받는다. 이 회선은 점유된 상태가
되므로, 주고받지 않을 때는 회선이 쓸데없이 놀고 있게 된다.

● **패킷 교환 이미지**

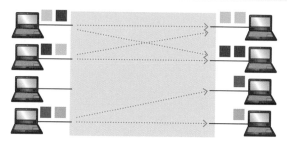

목적지에 맞춰 패킷을 할당하며 데이터를 주고받는다. 회선의 점유가 일어나지 않으므
로 주고받지 않을 때 쓸데없는 점유가 일어나지 않는다.

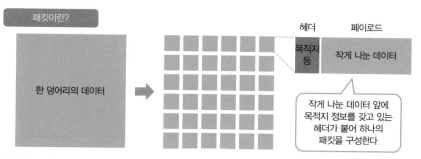

패킷이란?

한 덩어리의 데이터

헤더　　페이로드

목적지
등　　작게 나눈 데이터

작게 나눈 데이터 앞에
목적지 정보를 갖고 있는
헤더가 붙어 하나의
패킷을 구성한다

패킷은 한 덩어리의 데이터를 작게 나눠 작은 크기로 분할한 것이다.

관련
용어　통신 프로토콜 P.24 | 패킷 P.54 | 프레임 P.54

12 이진수

네트워크에서 취급하는 수는 십진수만이 아니다

우리는 보통 수를 표기할 때, 0~9까지의 숫자를 사용하여 9를 넘으면 자리를 하나 증가시키는 십진법이라는 규칙에 따른 십진수로 수를 표현하고 있다. 하지만 컴퓨터나 네트워크에서는 수에 대해 다른 표현법을 사용한다. 그중 하나가 이진법이다.

이진법에서도 한 자리에서 표현할 수 없는 수는 자리를 증가시켜 나타낸다. 다른 점은 사용하는 숫자가 0과 1, 두 개로 한정된다는 것이다. 그래서 십진수의 0은 이진수로도 '0', 1은 '1'이지만 십진수 2는 자리를 하나 올려 '10(일영)'이 된다. 복잡하게 느껴질 수도 있지만 컴퓨터 내부에서는 전류나 전압의 유무로 정보를 나타내기 때문에 이진수가 더 적합한 것이다.

제2장에서 네트워크에 연결된 컴퓨터를 식별하는 'IP 주소'라는 것이 나온다. 이것은 0~255까지의 수치를 네 가지 조합으로 나타낸 것이다. 십진수 255는 어중간한 수로 느껴지지만, 이진수로는 딱 여덟 자리의 '11111111'이 되므로 마지막 수치를 나타내기 좋은 숫자다. 이처럼 이진법을 이해해두면 컴퓨터나 네트워크에서 이해하기 힘들었던 부분을 쉽게 이해할 수 있다.

이진수 쓰는 법과 읽는 법

그냥 '10'이라고 쓰여 있을 때, 이것이 십진수의 10(십)을 의미하는지 이진수의 10(일영, 십진수의 2)을 의미하는지 구분이 되지 않을 것이다. 그래서 만일 십진수와 이진수 둘 다 사용될 가능성이 있는 경우에는 이 둘을 구분할 방법이 필요하다.

어떤 수가 이진법으로 표현된 것인지를 나타내는 방법에는 몇 가지가 있다. 어떤 표기법을 사용하든 최종적으로 구별할 수 있으면 상관없지만, 이 책에서는 이진법이라는 것을 명시할 필요가 있는 경우에 끝에 b를 붙이는 표기법을 사용한다.

이진법으로 나타낸 수를 읽을 때 '1'은 '일', '0'은 '영'이라고 읽는다. 여기까지는 십진법과 똑같지만 자리수가 늘어나면 읽는 법이 약간 달라진다. 두 자리 이상의 수의 경우는 각 자리의 '1'과 '0'을 그대로 이어서 읽는다. 예를 들어 '1001'의 경우는 '일영영일'이라고 읽는다.

플러스 1 ▶ 이진수에서 십진수로 변환하려면 각 자리의 값에 '가중치'를 곱한 후 모두 더한다. 가중치(2의 n승)는 오른쪽 자리부터 1, 2, 4, 8, 16, 32, 64, 128이 된다. 1101b의 경우 십진수로 변환하면 8×1+4×1+2×0+1×1=13이다.

● 네트워크에 관한 정보는 이진수로 표현하는 경우가 있다

IP 주소의 경우

십진수로 표기　　**203. 0. 113. 43**

이진수로 표기　| 1 | 1 | 0 | 0 | 1 | 0 | 1 | 1 | 0 | 0 | 0 | 0 | 0 | 0 | 0 | 0 | 0 | 1 | 1 | 1 | 0 | 0 | 0 | 1 | 0 | 0 | 1 | 0 | 1 | 0 | 1 | 1 |

● 이진법으로 수를 나타내는 방법

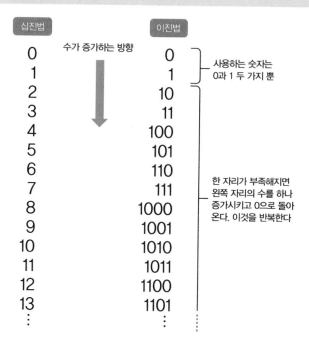

● 이진수라는 것을 명시하는 방법

① 10b　　마지막에 b를 붙인다. b는 'binary(이진법)'의 머리글자이다

② (10)₂　　전체를 괄호로 묶고 마지막에 아래첨자로 2라고 쓴다

③ 0b10　　처음에 0b를 붙인다

이 책에서는 이진수라는 것을 명시할 필요가 있을 때 ①의 표기를 사용한다

관련
용어　IP 주소 P.56 | 넷마스크 P.62 | 서브넷 마스크 P.64 | 십육진수 P.36

13 십육진수

▌ 이진수 이상으로 많이 사용되는 십육진수

컴퓨터 분야에서는 십육진법으로 표현한 십육진수도 많이 사용한다. 십육진법은 수를 표기할 때 0~9까지의 숫자와 A~F까지의 문자를 사용한다. 이 16개의 문자를 사용하여 한 자리에서 0~15까지를 표현한다. 16이 되면 자리가 하나 올라간다.

십육진법은 컴퓨터의 구조에 본질적으로 관련된 것이라기보다는, 이진수를 간단하게 다루기 위한 도구같은 존재로 사용한다. 이진수는 한 자리에서 표현할 수 있는 수가 적어서 수의 표기가 길어지기 때문이다. 이는 컴퓨터 내부에서 처리할 때는 전혀 문제가 없지만 사람이 읽고 쓸 때는 다소 불편하다. 그렇다고 이진수와 표현법에 관련성이 거의 없는 십진수로 바꿀 수는 없는 것이다.

그래서 나온 것이 십육진수이다. 십육진수의 한 자리는 단순하게 이진수의 네 자리에 대응한다. 그래서 이진수로 표기하면 길어지는 수를 짧게 줄여서 표현할 수 있다. 이진수에서 십육진수로 변환하려면 이진수의 아래 자리부터 네 자리씩 잘라 이진수와 십육진수 대응표(오른쪽 그림 참조)에 따라 변환한다. 십육진수에서 이진수로 변환하는 경우는 이와 반대 순서로 하면 된다.

▌ 십육진수 쓰는 법과 읽는 법

이진수나 십육진수를 사용하는 경우, 전체 자리수가 미리 정해져 있기 때문에 값을 갖지 않는 상위 자리에 명시적으로 0을 쓰는 경우가 많다. 예를 들어 십진수 9의 값은 십육진수로는 09, 이진수로는 00001001로 쓴다.

어떤 수가 십육진수로 되어 있다는 것을 나타내는 방법은 몇 가지가 있는데, 이 책에서는 십육진수라는 것을 명시할 때 마지막에 h를 붙이는 방법을 사용한다.

또, 십육진수로 나타낸 수를 읽을 때는 이진수와 마찬가지로 각 자리를 그대로 읽는 것이 일반적이다. 예를 들어 'A73F'는 '에이칠삼에프'라고 읽는다. 익숙해지면 이것을 머릿속에서 이진수 '1010011100111111'로 바로 변환할 수 있게 된다.

플러스 1 십육진수에서 십진수로 변환하려면 각 자리의 값에 '가중치'를 제곱한 후 모두 더한다. 가중치(16의 n승)는 오른쪽 자리부터 1, 16, 256, 4096이 된다. 789A의 경우 십진수로 변환하면 4098×7+256×8+16×9+10=30874이다.

● 네트워크에 관한 정보는 십육진수로 표현하는 경우가 있다

MAC 주소의 경우

이 알파벳은 십육진법으로
수를 나타낸 것이다

11-22-AA-BB-CC-DD

MAC 주소는 네트워크 기기에
할당된 식별 번호다

● 십육진법으로 수를 나타내는 방법

십진법

십육진수

십진수, 이진수, 십육진수 대응표

십진수	이진수	십육진수
0	0000	0
1	0001	1
2	0010	2
3	0011	3
4	0100	4
5	0101	5
6	0110	6
7	0111	7
8	1000	8
9	1001	9
10	1010	A
11	1011	B
12	1100	C
13	1101	D
14	1110	E
15	1111	F

수가 증가하는 방향

십진법	십육진수
0	0
1	1
2	2
⋮	⋮
8	8
9	9
10	A
11	B
⋮	⋮
15	F
16	10
17	11
⋮	⋮

사용하는 문자는
0~9와 A~F까지
16개

한 자리가 부족해지면
왼쪽 자리의 수를 하나
증가시키고 0으로 돌아
온다. 이를 반복한다

● 십육진수라는 것을 명시하는 방법

① 10h   마지막에 h를 붙인다. h는 "hexadecimal(십육진법)"의 머리글자이다
② (10)₁₆   전체를 괄호로 묶고 마지막에 아래첨자로 16이라고 쓴다
③ 0x10   처음에 0x를 붙인다

이 책에서는 십육진수라는 것을 명시할 필요가 있을 때 ①의 표기를 사용한다.

관련
용어   MAC 주소 P.78 | 이진수 P.34

다양한 네트워크 기술과 사용 장소

'네트워크는 각종 약자가 많이 나와서 이해하기 어렵다'고 느껴질 때는 각각의 기술이 어떤 곳에서 작동하고 있는지 한번 정리해 볼 것을 추천한다. 낯선 이름이 많이 나오는 해외 드라마를 볼 때 등장인물의 이름과 관계를 정리해 두면 스토리를 훨씬 쉽게 알 수 있는 것과 비슷하다. 아래 그림은 이 책에서 등장하는 프로토콜과 기술이 사무실 내 네트워크의 어디에서 사용되는지를 나타낸 것이다. 용어 정리에 활용하기 바란다.

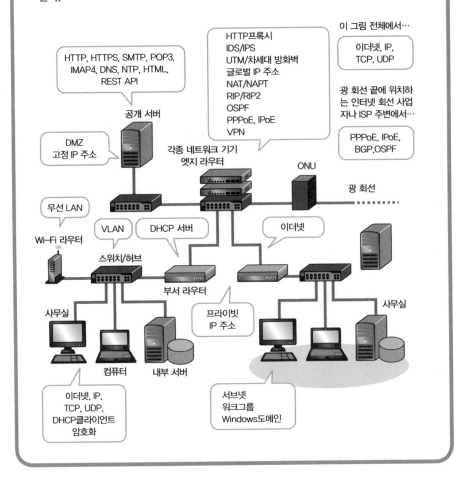

TCP/IP 기본 지식

이 장에서는 네트워크에서 중심 역할을 하는 TCP/IP에 대해 그 구조와 각 부분의 기능, 요소 기술의 개요, 사용되는 기기의 위치와 기능 등을 다룬다. 또한 기술적인 이야기도 다루고 있다.

01 TCP/IP의 레이어 구성

▉ TCP/IP의 레이어 구성

TCP/IP는 인터넷을 비롯한 컴퓨터 네트워크에서 널리 사용하는 통신 프로토콜이다. 한 단어처럼 TCP/IP라고 말하지만, 실제로는 TCP(Transmission Control Protocol)라는 프로토콜과 IP(Internet Protocol)라는 프로토콜의 모음이다.

TCP/IP에서는 네 개의 계층으로 기능을 구현한다는 개념을 채택하고 있다. 각 계층은 밑에서부터 네트워크 인터페이스 계층, 인터넷 계층, 전송 계층, 응용 계층이라고 부른다. 아래, 위로 인접한 계층들은 '아래 계층이 구현한 기능을 위 계층이 이용한다'는 관계로 되어 있다.

▉ 각 계층의 기능과 대응하는 주요 프로토콜

네트워크 인터페이스 계층은 서로 직접적으로 연결되어 있는 상대와 통신하는 기능을 구현한다. 이 계층에는 물리적인 장치도 포함되는데, 구체적으로는 이더넷 사양을 따르는 네트워크 카드 등이 있다.

인터넷 계층은 네트워크 인터페이스 계층의 기능을 바탕으로 중계 기능을 추가하여 직접적으로 연결되어 있지 않은 상대, 다시 말해 다른 네트워크 안의 상대와 통신하는 기능을 구현한다. 구체적으로는 TCP/IP를 구성하는 주요 프로토콜 중 하나인 IP를 들 수 있다.

전송 계층은 인터넷 계층에서 구현한 통신 기능을 사용하여 목적에 따른 통신을 제어한다. 구체적인 프로토콜로는 TCP나 UDP 등이 있다. TCP는 신뢰성이 높은 프로토콜로, 데이터를 확인하거나 재전송 등을 한다. UDP는 통신 처리를 가볍게 해 실시간성이 높은 통신을 구현한다.

가장 위쪽에 위치하는 응용 계층은 개별 애플리케이션의 기능을 구현한다. HTTP, SMTP, POP3, IMAP4 등 각종 애플리케이션을 위한 프로토콜이 해당된다. 이런 프로토콜은 응용 계층 아래에 있는 전송 계층이 제공하는 통신 기능을 사용하여 각각의 필요한 기능을 구현한다.

● TCP/IP라는 이름의 유래

TCP/IP ─┬─ TCP(Transmission Control Protocol)

        └─ IP(Internet Protocol)

TCP/IP라는 이름은 같이 사용하는 경우가 많은 두 개의 프로토콜 명에서 유래한 것이다

● TCP/IP의 레이어 구성

TCP/IP는 네 개의 레이어로 구성되어 있으며, 각각 여러가지 프로토콜이 정해져 있다.

응용 계층	…… 구체적인 통신 서비스를 구현한다(메일, 웹 등)	HTTP, SMTP, POP3 등 다수
전송 계층	…… 높은 신뢰성 등 목적에 따른 통신 품질을 구현한다	TCP, UDP 등
인터넷 계층	…… 중계 등으로 임의의 기기간 통신을 구현한다	IP, ICMP 등
네트워크 인터페이스 계층	…… 직접 연결된 기기들의 통신을 구현한다	이더넷, ARP/RARP 등

● 용도에 맞춰 각 계층의 프로토콜을 조합하여 사용한다

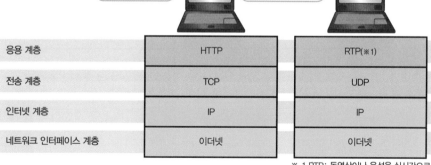

웹 서버 액세스

동영상 열람 및 인터넷 전화

응용 계층	HTTP	RTP(※1)
전송 계층	TCP	UDP
인터넷 계층	IP	IP
네트워크 인터페이스 계층	이더넷	이더넷

※ 1 RTP: 동영상이나 음성을 실시간으로 다루는 데 사용하는 프로토콜

예를 들어 웹 서버 액세스처럼 데이터의 오류나 누락이 발생하면 곤란한 용도의 경우, 전송 계층에서 높은 신뢰성이 장점인 TCP를 사용한다. 동영상 배포나 인터넷 전화처럼 빠른 반응이 중요한 용도의 경우는 전송 계층에서 실시간성이 특징인 UDP를 사용한다.

관련 용어 IP P.46 | TCP/UDP P.48 | 네트워크 인터페이스 계층 P.44 | 응용 계층 P.52 | 이더넷 P.98 | 인터넷 계층 P.46 | 전송 계층 P.48

02 OSI 참조 모델과 대응 관계

▌ TCP/IP 모델과 OSI 참조 모델의 역사

이 장에서는 통신 기능을 네 개의 계층으로 나눈 TCP/IP 모델과 일곱 개의 계층으로 나눈 OSI 참조 모델(1-09 참조)의 대응 관계를 살펴보자. TCP/IP 모델은 Unix라는 OS가 갖고 있는 통신 기능을 기초로 한 것이다. OSI 참조 모델은 1982년 무렵 네트워크 아키텍처(네트워크의 기본 방식)의 통일을 지향하여 만들어진 표준 규격인 OSI(Open Systems Interconnection: 개방형 시스템간 상호 연결)를 위해 정의되었다. 참고로 표준 규격으로서의 OSI는 내용이 너무 복잡하여 보급되지 않았지만, 여기서 사용된 OSI 참조 모델은 지금도 널리 사용되고 있다.

▌ 각 계층의 대응 관계

OSI 참조 모델과 TCP/IP 모델은 엄밀하게 말해서 일대일로 대응하지는 않으며, 사람에 따라 계층 구분을 다르게 해석하는 경우도 있다. 하지만, 기능별로 묶는 방법이나 계층 구조가 매우 비슷하므로 일반적으로는 다음과 같이 대응시킨다.

TCP/IP의 네트워크 인터페이스 계층에 대응하는 것은 OSI 참조 모델의 물리 계층과 데이터 링크 계층이다. 물리 계층은 커넥터 모양이나 핀 배치를 정하고, 데이터 링크 계층은 직접 연결된 상대와의 통신을 구현한다.

TCP/IP의 인터넷 계층에 대응하는 것은 OSI 참조 모델의 네트워크 계층이다. 네트워크 계층은 중계 기능을 갖고 있어 직접 연결되어 있지 않은 상대와 통신할 수 있도록 해 준다. 또한 전송 계층은 두 모델 모두 이름과 기능이 똑같으며 더욱 높은 수준의 통신 제어를 제공한다.

TCP/IP의 응용 계층은 OSI 참조 모델의 세션 계층과 표현 계층, 응용 계층에 해당한다. 세션 계층은 연결을 관리하고, 표현 계층은 문자 코드(5-14 참조) 등 표현 형식의 변환 등을, 응용 계층은 개별 애플리케이션의 기능을 구현한다.

● OSI 참조 모델과 TCP/IP 모델의 비교

OSI 참조 모델은 TCP/IP 모델과 마찬가지로 네트워크 아키텍처 중 하나이다.

종류	모델 형식	제정자	각 프로토콜의 보급도
OSI 참조 모델	7계층 모델	표준화 단체 (ISO, ITU)	너무 복잡해서 보급되지 않음
TCP/IP 모델	4계층 모델	연구 기관 (스탠포드 대학 등)	심플해서 널리 보급됨

● OSI 참조 모델은 네트워크 아키텍처를 통일할 목적으로 만들어졌다

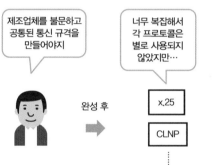

제조업체를 불문하고 공통된 통신 규격을 만들어야지

너무 복잡해서 각 프로토콜은 별로 사용되지 않았지만…

완성 후

x.25

CLNP

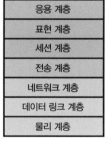

응용 계층
표현 계층
세션 계층
전송 계층
네트워크 계층
데이터 링크 계층
물리 계층

참조 모델은 네트워크 기능의 분석, 설계, 학습 등에 널리 사용된다!

● 각 계층의 대응 관계

OSI 참조 모델

TCP/IP 모델

OSI 참조 모델	TCP/IP 모델
응용 계층	응용 계층
표현 계층	
세션 계층	
전송 계층	전송 계층
네트워크 계층	인터넷 계층
데이터 링크 계층	네트워크 인터페이스 계층
물리 계층	

TCP/IP 모델은 OSI 참조 모델을 따라 만들어진 것이 아니므로 완전히 일대일로 대응하지는 않는다

관련
용어 OSI 참조 모델 P.28 │ TCP/IP P.40 │ 네트워크 아키텍처 P.28 │ 문자 코드 P.142

03 네트워크 인터페이스 계층의 역할

▣ 네트워크 인터페이스 계층의 역할

TCP/IP 모델의 최하위 계층에 위치하는 네트워크 인터페이스 계층은, 하드웨어로 직접 연결되어 있는 컴퓨터들이 서로 통신할 수 있도록 하는 기능을 구현한다.

이 계층의 역할은 어디까지나 직접 연결되어 있는 컴퓨터들의 통신이다. 직접 연결되어 있지 않은 컴퓨터들을 중계해 통신할 수 있는 '인터네트워킹' 기능은 갖고 있지 않다. 원시적이지만 심플한, 최소한의 통신 기능을 갖고 있는 계층이라 할 수 있다.

▣ 네트워크 인터페이스 계층의 주요 프로토콜

이 계층을 구성하는 대표적인 프로토콜이 바로 이더넷(Ethernet)이다. 현재 일반적으로 판매되는 PC의 유선 LAN은 거의 대부분이 이 이더넷을 사용하고 있다. 무선을 사용하여 LAN 기능을 하는 Wi-Fi도 이 계층의 기능이다. PPPoE(PPP over Ethernet)는 이더넷을 사용하여 일대일 연결을 해주는 프로토콜로, 이 인증 기능이 인터넷 연결 서비스 이용자의 인증에 많이 사용되어 왔다.

이 계층을 구성하는 네트워크 하드웨어는 보통 하드웨어마다 고유의 주소(기기를 식별할 수 있는 정보)를 갖고 있다. 이더넷이나 Wi-Fi의 경우는 MAC 주소(3-01 참조)가 이에 해당하는데, 이를 하드웨어 주소라고도 한다. 이 MAC 주소와 상위 계층에서 사용하는 IP 주소를 대응시키는 장치도 (분류 방법에 따라 다르지만) 네트워크 인터페이스 계층의 기능으로 볼 수 있다. 구체적인 프로토콜로는 IP 주소로부터 MAC 주소를 구하는 ARP와 그 반대 작업을 하는 RARP가 있다.

또한 TCP/IP 모델의 네트워크 인터페이스 계층에는 OSI 참조 모델의 물리 계층 기능이 포함되어 있다. 물리 계층에서는 커넥터의 모양이나 핀 배치 등이 주로 규정되어 있다.

플러스 1 지금처럼 상시 연결이 보급되기 이전에는 인터넷을 이용할 때 모뎀이라는 기기를 사용하여 ISP의 액세스 포인트에 전화를 걸어 연결했었다. 그 연결에 PPP가 사용되었다.

● 동일한 네트워크에 연결되는 기기와의 통신을 구현한다

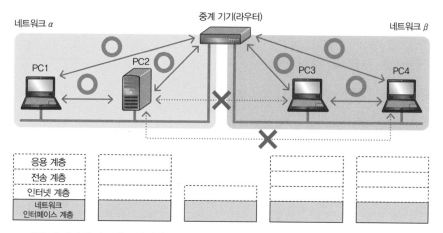

만일 각 기기가 네트워크 인터페이스 계층의 기능만 갖고 있다면 동일한 네트워크에 연결되어 있는 기기들끼리만 통신할 수 있다.

● TCP/IP 모델의 최하위 계층에 해당한다

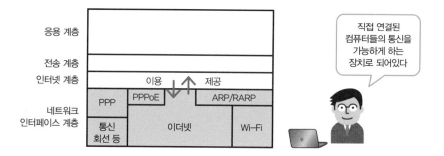

● 네트워크 인터페이스 계층의 주요 프로토콜

IEEE 802.3※1	유선 LAN에서 가장 주류인 네트워크 규격
IEEE 802.11※2	무선을 사용하여 LAN에 연결하기 위한 규격
PPPoE	이더넷 상에서 일대일로 연결해 주는 프로토콜. 주로 인터넷 연결 서비스의 이용자 인증에 사용한다
PPP	PPPoE의 기초가 된 프로토콜. 전화 회선을 사용한 연결이기 때문에 옛날에 주로 사용했다
ARP/RARP	IP 주소와 MAC 주소를 상호 교환하기 위한 프로토콜. 보통 이더넷이나 Wi-Fi 상에서 사용한다

※1 일명 이더넷
※2 일명 Wi-Fi

 관련 용어 　ARP P.80 ｜ MAC 주소 P.78 ｜ 무선 LAN P.104 ｜ 이더넷 P.98

04　인터넷 계층의 역할

▓ 인터넷 계층의 역할

인터넷 계층은 인터네트워킹 즉, 여러 개의 네트워크를 연결하여 서로 패킷을 주고받는 기능을 구현한다. 네트워크 인터페이스 계층은 직접 연결된 컴퓨터들의 통신 기능을 제공하지만, 그 범위를 넘어서 통신하는 기능은 없다. 그래서 인터넷 계층을 추가함으로써 직접 연결되지 않은 컴퓨터들도 서로 통신할 수 있게 되는 것이다.

이 계층의 가장 큰 역할은 패킷을 중계하는 것이다. 패킷을 중계하여 정해진 방향으로 전송하는 것을 라우팅이라고 한다. 라우팅을 통해 네트워크 인터페이스 계층만으로는 전송할 수 없었던 임의의 상대에게 데이터를 전송할 수 있게 된다.

인터넷 계층의 또 다른 중요한 역할은 연결되는 컴퓨터를 식별하기 위한 주소를 부여하는 것이다. 이 주소는 네트워크 인터페이스 계층의 어떤 프로토콜을 사용해도 괜찮도록 하드웨어 주소(MAC 주소 등)와는 상관없는 것이어야 하며, 연결된 네트워크 전체를 하나하나 식별할 수 있어야 한다.

▓ 인터넷 계층의 주요 프로토콜

인터넷 계층의 대표적인 프로토콜은 IP(Internet Protocol)다. IP는 여러 대의 컴퓨터가 물리적으로 연결되어 이루어진 '네트워크' 사이에서 필요에 따라 패킷의 라우팅을 수행한다.

IP는 네트워크 전반에 걸쳐 컴퓨터를 하나하나 식별하기 위한 주소로 IP 주소(2-09 참조)를 사용한다. IP 주소는 중복되선 안 된다. 그래서 인터네트워킹에 참가하는 네트워크 전체가 하나의 규칙을 따르며 중복 없이 효율적으로 IP 주소를 할당받을 필요가 있다. 또한 IP에는 기존부터 널리 사용되는 **IPv4**(IP version 4)와 요즘 서서히 보급이 진행되고 있는 **IPv6**(IP version 6)이 있다. 이 책에서 그냥 IP라고 표기한 것은 IPv4를 말한다.

그림으로 이해하자!!

● **다른 네트워크에 연결된 기기와 통신을 가능하게 한다**

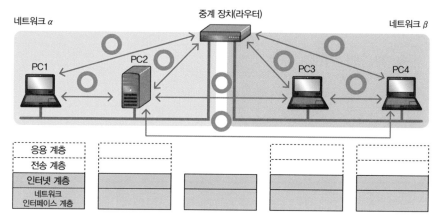

만일 각 기기가 네트워크 인터페이스 계층과 인터넷 계층의 기능만 갖고 있다면, 다른 네트워크에 연결된 기기들이라도 라우터의 중계 기능을 통해 통신할 수 있다.

● **TCP/IP 모델에서는 네트워크 인터페이스 계층 위에 위치한다**

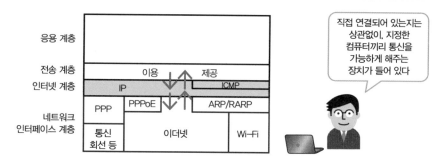

● **인터넷 계층의 주요 프로토콜**

IP	직접 연결되어 있지 않은 네트워크끼리 패킷을 라우팅하는 기능을 제공하는 프로토콜. 이 기능으로 직접 연결되어 있는지는 상관없이 임의의 컴퓨터와 통신할 수 있다
ICMP	IP의 기능을 보조하기 위해 특수한 기능을 갖고 있는 프로토콜. 지정한 상대에게 도달할 수 있는지를 검사하여 도달하지 못한 경우에 이유를 통지하는 데 사용된다

관련
용어 ICMP P.96 │ IPv6 P.72 │ IP 주소 P.56 │ MAC 주소 P.78 │ 라우팅 P.86

05 전송 계층의 역할

전송 계층의 역할

전송 계층은 인터넷 계층이 만들어 낸 컴퓨터 간의 통신 기능을 베이스로 하여, 네트워크의 사용 목적에 맞는 통신을 구현한다. 상황에 따라 신뢰성이 더욱 높은 통신을 가능하게 하거나, 신뢰성이 낮아도 패킷을 빠르게 전송할 수 있게 한다.

전송 계층의 주요 프로토콜

전송 계층의 대표적인 프로토콜 중 하나가 TCP(Transmission Control Protocol)다. TCP는 신뢰성이 높은 통신을 구현하는 프로토콜이다. 다음 2-06에서 자세히 설명하겠지만, 통신을 시작할 때 자신과 상대 사이에 '연결'을 만들고 통신이 끝날 때 연결을 끊는다. 이렇게 연결을 사용하는 통신을 하는 동안 수신한 패킷에 오류가 발견되거나 일부 패킷이 없어질 경우, 혹은 패킷이 중복으로 도달하거나 패킷의 순서가 바뀌어 버릴 경우 이런 문제를 해결하기 위한 행동을 한다. 통신 상대에게 재전송을 의뢰하거나 중복되는 데이터를 삭제하거나 패킷의 순서를 바꾸는 등의 동작을 취한다.

전송 계층에서 많이 사용하는 또 다른 프로토콜로는 UDP(User Datagram Protocol)가 있다. UDP는 통신의 신뢰성을 높이는 일은 일절 하지 않고, 즉시 사용할 수 있는 가벼운 통신 기능을 제공한다. UDP는 TCP처럼 연결을 만들지 않고 사전 준비 없이 바로 통신을 시작한다. 재전송이나 순서 변경을 하지 않기 때문에 네트워크로부터 도달한 패킷이 애플리케이션에 바로 전달된다.

TCP와 UDP는 목적에 따라 나눠 사용한다. TCP가 구현하는 높은 신뢰성은 대부분의 통신에서 유용하다. 웹을 위한 HTTP, 메일 송수신을 위한 SMTP 등 인터넷 애플리케이션에서 TCP를 폭넓게 사용한다. 한편 UDP는 송출한 패킷이 빨리 도달한다는 특성을 살려 음성이나 동영상 스트리밍, 인터넷 전화, 시각 맞추기 등에 사용한다. 또한 사전 연결이 불필요하기 때문에 DNS와 같은 서버에 자주 문의하는 용도에도 사용한다.

● 높은 신뢰성과 같은 부가가치를 갖게 한다

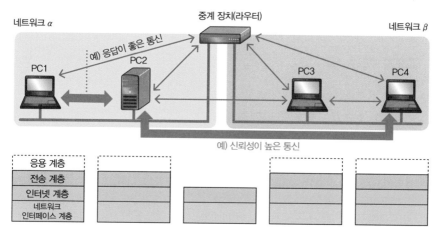

만일 각 기기가 네트워크 인터페이스 계층과 인터넷 계층, 전송 계층의 기능을 갖고 있다면, 임의의 기기 사이에서 신뢰성을 높이는 등 부가 가치를 가진 통신 기능을 이용할 수 있다.

● TCP/IP 모델에서는 인터넷 계층 위에 위치한다

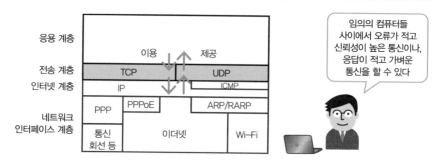

임의의 컴퓨터들 사이에서 오류가 적고 신뢰성이 높은 통신이나, 응답이 적고 가벼운 통신을 할 수 있다

● 전송 계층의 주요 프로토콜

TCP	임의의 컴퓨터들 사이의 통신에 높은 신뢰성을 추가하는 프로토콜. 시작할 때 연결을 만들고 통신이 끝날 때 연결을 끊는다. 재전송을 하거나 순서를 바꾸므로 실시간성은 결여되어 있다
UDP	인터넷 계층의 기능을 거의 그대로 사용하여 사전 준비가 불필요하고 가벼운 통신을 구현하는 프로토콜. 필요할 때 바로 상대에게 데이터를 보내고 도착한 데이터는 바로 애플리케이션에 전달된다

관련 용어 DNS P.130 | HTTP P.118 | NTP P.132 | SMTP P.122 | TCP P.50

06 신뢰성을 구현하는 TCP 통신 절차

TCP가 하는 일

전송 계층의 프로토콜인 TCP는 신뢰성이 높은 통신을 구현한다고 2-05에서 설명했다. 이 장에서는 TCP가 하는 일을 좀 더 자세히 살펴보겠다.

TCP는 신뢰성이 높은 통신을 구현하기 위해 오른쪽 페이지에 보이는 여섯 개의 처리를 수행한다. 이중 (3)인 '상대가 받았다는 것을 확인하는 처리'를 소량의 데이터마다 일일이 수행하면, 통신의 지연(2-18 참조)이 큰 상대(예: 위성 통신 등)에 대해 통신 효율이 매우 나빠진다. 그래서 TCP는 상대의 응답이 있든 없든 일정 범위까지는 데이터를 보내는 방법을 채택하여 신뢰성을 높이면서 효율도 좋은 통신을 구현하고 있다. 이런 신뢰성을 높이는 대부분의 기능은 슬라이딩 윈도라는 개념에 의해 구현된다. 창문을 옆으로 미는 이미지처럼 송수신의 진행 정도, 빠진 패킷의 재전송, 패킷의 순서 맞춤 등을 관리하는 것이다.

TCP의 통신 절차

TCP는 통신을 시작할 때 연결을 만들고 통신이 종료될 때 연결을 끊는다.

TCP는 연결을 위해 3-웨이 핸드쉐이크라는 기법을 채택하고 있다. 연결하고 싶은 쪽이 상대에게 SYN 패킷(SYN 플래그를 1로 만든 특수한 TCP 패킷)을 보내면 그것을 수신한 상대는 SYN+ACK 패킷(SYN 플래그와 ACK 플래그로 1로 만든 특수한 TCP 패킷)을 반환한다. 이를 수신하면 ACK 패킷(ACK 플래그로 1로 만든 특수한 TCP 패킷)을 보내는데, 이 작업이 정상적으로 일어나면 연결이 된 것으로 간주한다. 이 패킷들에는 시퀀스 번호의 처음 값이 들어 있는데, 이후 이를 사용하여 데이터의 순서를 보증한다.

마찬가지로 연결을 끊을 때는 먼저 끊는 쪽이 FIN 패킷을 보내고 이를 수신한 쪽이 ACK+FIN 패킷을 반환한다. 이 수신을 받고 ACK 패킷을 다시 보내는 형태로 서로 종료를 확인한 후 통신을 끝낸다.

신뢰성을 높이기 위해 TCP가 하는 일

(1) 번호를 붙여 데이터의 순서를 보증한다(시퀀스 번호)

(2) 수신 데이터에 오류가 없는지 확인한다(오류 검출)

(3) 상대가 분명히 받았다는 것을 확인한다(긍정 확인 응답)

(4) 도달하지 않은 데이터의 재전송을 요청한다(슬라이딩 윈도)

(5) 상대의 페이스에 맞춰 데이터를 전송한다(플로 제어)

(6) 네트워크의 혼잡 상황에 맞춰 송신 속도를 조정한다(폭주 제어) 등

슬라이딩 윈도로 송수신을 관리한다

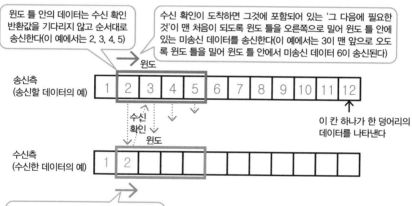

윈도 틀 안의 데이터는 수신 확인 반환값을 기다리지 않고 순서대로 송신한다(이 예에서는 2, 3, 4, 5)

수신 확인이 도착하면 그것에 포함되어 있는 '그 다음에 필요한 것'이 맨 처음이 되도록 윈도 틀을 오른쪽으로 밀어 윈도 틀 안에 있는 미송신 데이터를 송신한다(이 예에서는 3이 맨 앞으로 오도록 윈도 틀을 밀어 윈도 틀 안에서 미송신 데이터 6이 송신된다)

송신측
(송신할 데이터의 예)

이 칸 하나가 한 덩어리의 데이터를 나타낸다

수신측
(수신한 데이터의 예)

데이터를 수신하면 '다음에 원하는 것'을 포함한 수신 확인을 반환하고 그것이 맨 앞에 오도록 윈도 틀을 오른쪽으로 민다(이 예에서 다음에 원하는 것은 3)

이와 같은 개념을 채택하면 데이터를 보낼 때마다 하나씩 수신 확인 반환값을 기다릴 필요가 없어져 더욱 효율적인 통신이 가능해진다.

TCP의 연결과 종료 절차

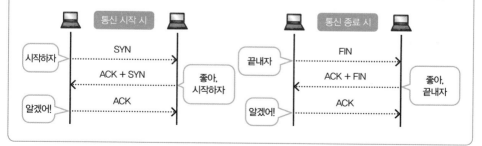

관련 용어: 스테이트풀 인스펙션 P.154 | 전송 계층 P.48

07 응용 계층의 역할

응용 계층의 역할

응용 계층은 개별 애플리케이션이 갖고 있는 기능을 구현해 주는 계층이다. 하위 계층에 있는 전송 계층이 만들어 내는 '목적에 따른 통신 기능' 중에서 애플리케이션에 적합한 것을 골라, 그 기능을 사용하여 애플리케이션 프로그램끼리 데이터를 주고받는다. 예를 들어 웹에서 사용하는 HTTP의 경우, 서버에 대해 정보 취득을 지시하는 요청이나 그 결과를 서버가 반환하는 응답 등과 같은 순서나 서식이 정해져 있다. 이런 정보를 주고받는 일이 응용 계층에서 일어난다. 이렇듯, 응용 계층은 애플리케이션의 개별 기능을 구현해 주는 계층이다. 그래서 응용 계층 자체에는 다른 계층과 같이 눈에 띄는 '계층의 특징'은 없다. 대신에 각 애플리케이션이 독자적인 특징을 갖고 있다고 할 수 있다.

응용 계층의 주요 프로토콜

응용 계층의 프로토콜은 애플리케이션의 수만큼 존재한다고 해도 과언이 아니다. 그 중에서 특히 중요하고 폭넓게 사용되는 것으로는 웹 액세스에 사용하는 HTTP나 HTTPS, 메일 송신에 사용하는 SMTP, 메일 읽기에 사용하는 POP3나 IMAP4, 파일 전송에 사용하는 FTP, 이름 해결에 사용하는 DNS, 시계를 맞출 때 사용하는 NTP 등이 있다. 각 프로토콜의 기능과 동작에 대해서는 제5장에서 설명한다.

응용 계층의 프로토콜 대부분은 사람이 뭔가 원하는 것을 할 때 사용된다. 하지만 항상 그렇지는 않고, 컴퓨터의 기본적인 기능을 제공하기 위해 사용되는 것도 있다. 예를 들어 이름 해결에 사용하는 DNS나 시계를 맞출 때 사용하는 NTP는 주로 사람이 모르는 곳에서 컴퓨터가 사용하고 있다. 다시 말하면 응용 계층의 '애플리케이션'은 워드 프로세서나 표 계산, 브라우저와 같이 사람이 사용하는 애플리케이션과 서버가 각종 통신 서비스에 사용하는 프로그램을 포함하여, 통신 기능을 사용하는 프로그램 전체를 가리킨다고 할 수 있다.

● 다양한 애플리케이션 기능을 구현한다

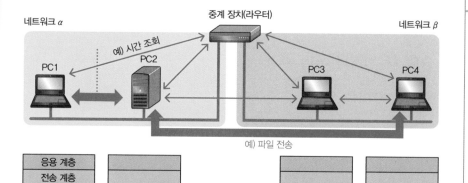

전송 계층을 포함한 하위 3계층에서 만들어 준 통신 경로를 사용하여, 응용 계층에서는
다양한 애플리케이션 기능을 구현하기 위한 통신을 한다.

● TCP/IP 모델에서는 최상위 계층에 위치한다

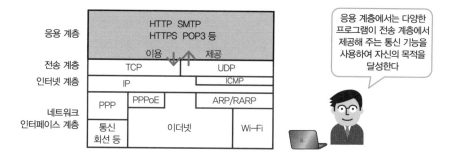

응용 계층에서는 다양한
프로그램이 전송 계층에서
제공해 주는 통신 기능을
사용하여 자신의 목적을
달성한다

● 응용 계층의 주요 프로토콜

HTTP/HTTPS	웹에 액세스한다, 모바일 앱의 통신 등에도 사용한다
SMTP	메일의 송신이나 서버 간의 전송을 한다
POP3	수신함에서 메일을 꺼낸다
IMAP4	수신함의 메일을 읽는다
FTP	파일을 전송한다
SSH	문자 기반으로 서버 등에 명령을 보내고 결과를 표시한다
DNS	도메인명과 IP 주소를 서로 변환한다
NTP	컴퓨터의 시계를 맞춘다

그 외 다수

관련
용어

DNS P.130 | FTP P.126 | HTTP P.118 | IMAP4 P.124 | NTP P.132 | POP3 P.124 | SMTP P.122

08   레이어별 처리와 패킷의 관계

▌ 송출 쪽 처리와 헤더 추가

TCP/IP의 각 레이어는 아래위로 인접한 계층과 협력하여 통신 처리를 한다. 데이터를 보내는 쪽에서는 상위 계층으로부터 받은 데이터를 바탕으로 통신 처리를 일부분 수행한다. 그리고 통신 처리에 필요한 각종 정보를 데이터 본체 앞에 추가한다. 이를 헤더라고부른다. 헤더가 추가된 전체를 하위 계층에 전달하면 자신의 처리는 끝나게 된다. 이것을받은 하위 계층도 이와 똑같은 형태로 데이터 처리를 하고 다시 하위 계층에게 전달한다.이와 같은 방식으로 통신 처리를 하기 때문에 하위 계층으로 갈수록 패킷의 전체 크기가커진다.

▌ 수신 쪽 처리와 헤더 제거

데이터를 받는 쪽에서는 하위 계층으로부터 받은 패킷에 포함되어 있는 헤더 부분의 정보를 사용하여 필요한 통신 처리를 한다. 처리가 끝나면 헤더 부분을 제거한 데이터 부분만 상위 계층에게 전달한다. 이를 받은 상위 계층은 동일한 방식으로 처리를 하고 다시상위 계층에 전달한다. 상위 계층으로 전달될 때마다 헤더가 제거되기 때문에 패킷의 전체 크기가 작아지고 마지막에는 송출 쪽이 처음에 보낸 데이터만 남게 된다.

▌ TCP/IP를 사용한 통신의 전체 이미지

오른쪽 페이지의 그림은 이러한 처리가 TCP/IP 전체에서 어떻게 이루어지는지 그 이미지를 나타낸 것이다. 송신 쪽 컴퓨터 A의 각 계층이 처리를 하면서 헤더를 추가하여 최종적으로 이더넷 프레임을 만들어 컴퓨터 B로 보낸다. 수신 쪽 컴퓨터 B의 각 계층이 반대과정으로 처리하며 헤더를 삭제하고 최종적으로는 데이터만 애플리케이션 프로그램에전달한다.

플러스 1   각 계층에서 추가하는 헤더는 최소한의 크기로 더해진다. 동일한 시간 내에 송신할 수 있는 데이터의 전체 양이헤더의 크기만큼 줄어들기 때문이다.

● **상위 계층과 하위 계층의 관계**

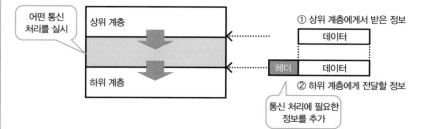

송출 쪽

어떤 통신 처리를 실시

상위 계층

하위 계층

① 상위 계층에게서 받은 정보

데이터

헤더 데이터

② 하위 계층에게 전달할 정보

통신 처리에 필요한 정보를 추가

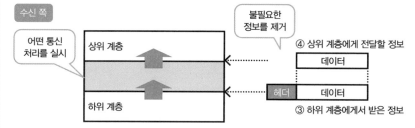

수신 쪽

어떤 통신 처리를 실시

상위 계층

하위 계층

불필요한 정보를 제거

④ 상위 계층에게 전달할 정보

데이터

헤더 데이터

③ 하위 계층에서 받은 정보

● **TCP/IP의 각 계층과 통신의 전체 이미지**

컴퓨터 A

응용 프로그램

TCP 처리 프로그램

IP 처리 프로그램

이더넷

컴퓨터 B

응용 프로그램

TCP 처리 프로그램

IP 처리 프로그램

이더넷

데이터

TCP 패킷 T 데이터

IP 패킷 I 데이터

이더넷 프레임 데이터

PE   F

데이터

TCP 패킷 데이터

IP 패킷 데이터

이더넷 프레임 데이터

데이터

T: TCP 헤더
I : IP 헤더
E: 이더넷 헤더
P: 프리앰블(데이터 시작을 나타내는 마크)
F: 프레임 체크 시퀀스(오류 검출용 데이터)

관련
용어 TCP/IP P.40 │ 레이어 P.26

09 IP 주소

▣ IP 주소란?

IP 주소는 IP라는 프로토콜을 사용하는 네트워크에서 각 컴퓨터를 식별하기 위해 컴퓨터에 부여하는 번호를 말한다. 각 컴퓨터에는 각각 다른 IP 주소를 부여하는데 해당 IP 주소를 사용하여 컴퓨터를 특정짓거나 통신 상대를 지정한다.

지금 널리 사용되고 있는 IP(인터넷 프로토콜)에는 IPv4와 IPv6 두 종류가 있다. IPv4는 오래전부터 사용되던 것이고 IPv6은 비교적 새롭게 사용되기 시작한 것이다. 이 둘의 차이는 IP 주소의 형식이다. 이 장에서는 오래전부터 사용되던 IPv4 주소를 중심으로 설명하므로, IPv6의 IP 주소 형식에 대해서는 2-17을 참조하기 바란다.

▣ IP 주소는 전세계 규모로 관리한다

모든 컴퓨터가 서로 다른 IP 주소를 가지는 것이 중요하므로, 이를 보장하기 위해 사용법에 규칙이 있다. 그러나 완전히 독립적이고 앞으로 그 누구와도 연결할 예정이 없는 네트워크라면 어떤 IP 주소를 사용해도 상관없다. 하지만 아무도 연결되지 않는 네트워크는 활용도가 낮으므로, 인터넷 규칙에 따라 IP 주소를 할당하는 것이 일반적이다.

인터넷에서 사용하는 IP 주소(글로벌 IP 주소)는 전세계의 컴퓨터에 대해 중복되지 않도록 할당해야 한다. 이를 위해 IP 주소를 계층적으로 할당한다.

IP 주소를 관리하는 본거지는 ICANN(Internet Corporation for Assigned Names and Numbers)이다. 이 ICANN은 지역 인터넷 레지스트리(한국을 포함한 아시아 태평양 지역은 APNIC)에 대해 IP 주소의 일정 범위를 할당한다. 마찬가지로 국가별 인터넷 레지스트리(한국은 KRNIC), 로컬 인터넷 레지스트리(ISP나 데이터센터 사업자 등)에 IP 주소가 할당되고 최종적으로 그 일부가 사용자에게 할당된다.

플러스 1 전세계에서 유일무이하도록 관리하는 글로벌 IP 주소 외에, 누구나 자유롭게 사용할 수 있는 프라이빗 IP 주소도 있다. 이것은 조직이나 가정 내에서만 사용하는 IP 주소다. 자세한 것은 2-11을 참고하기 바란다.

● IP 네트워크에서는 통신 상대를 IP 주소로 지정한다

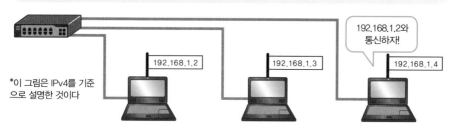

192.168.1.2와
통신하자!

192.168.1.2

192.168.1.3

192.168.1.4

*이 그림은 IPv4를 기준
으로 설명한 것이다

| IP 주소 표기 방법 | **203. 0 .113 . 43** |

읽을 때는 '이공삼, 공, 일일삼,
사삼'과 같이 숫자만 그대로 읽는
경우가 많다.

IP 주소는 네 개의 수(0~255)를 점으로 구분하여 나타낸다. 단순히 계산하면 약 42.9
억 대의 컴퓨터를 연결할 수 있다(실제로는 좀 더 적음).

● IP 주소는 계층적으로 할당된다

IP 주소는 ICANN이라는 단체가 관리하고 있으며, 그곳에서 하위 계층의 조직에게 할당
되고 최종적으로 가정이나 사무실에 할당된다.

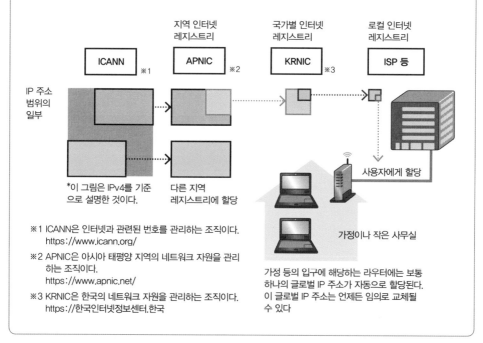

지역 인터넷
레지스트리

국가별 인터넷
레지스트리

로컬 인터넷
레지스트리

ICANN ※1

APNIC ※2

KRNIC ※3

ISP 등

IP 주소
범위의
일부

사용자에게 할당

*이 그림은 IPv4를 기준
으로 설명한 것이다.

다른 지역
레지스트리에 할당

가정이나 작은 사무실

※1 ICANN은 인터넷과 관련된 번호를 관리하는 조직이다.
https://www.icann.org/

※2 APNIC은 아시아 태평양 지역의 네트워크 자원을 관리
하는 조직이다.
https://www.apnic.net/

※3 KRNIC은 한국의 네트워크 자원을 관리하는 조직이다.
https://한국인터넷정보센터.한국

가정 등의 입구에 해당하는 라우터에는 보통
하나의 글로벌 IP 주소가 자동으로 할당된다.
이 글로벌 IP 주소는 언제든 임의로 교체될
수 있다

관련
용어 IP 주소 할당 P.172 │ 글로벌 IP 주소 P.60 │ 프라이빗 IP 주소 P.60

10 포트 번호

▌ 포트 번호의 역할

포트 번호는 전송 계층에 해당하는 TCP 또는 UDP가 제공하는 기능으로, 상대가 갖고 있는 어떤 기능과 연결할지 지정하기 위해 사용한다. 한 대의 컴퓨터가 여러 기능을 갖고 있을 때 IP 주소만 지정해서는 여러 기능 중 어떤 것을 사용할지 알 수 없다. 따라서 IP 주소와 포트 번호 둘을 모두 사용함으로써 어떤 컴퓨터의 어떤 기능을 사용할지 지정할 수 있는 것이다.

IP 주소와 달리 포트 번호는 단순한 하나의 수로 나타내는데, 그 값은 0~65535 사이다. 그중 0~1023까지의 포트 번호는 잘 알려진 포트라고 하며, 주요 애플리케이션별로 번호가 미리 할당되어 있다.

▌ TCP의 포트 번호

전송 계층 프로토콜로 TCP를 사용하는 통신의 경우 통신 시작 시 연결할 때 상대의 IP 주소와 함께 상대의 서비스를 특정하는 포트 번호를 지정한다. 예를 들어 웹 서비스의 경우는 80번을 지정한다. 지정한 IP 주소의 컴퓨터가 특정한 포트 번호의 통신을 받아들이면 연결이 성립되어 상대 컴퓨터와 자유롭게 정보를 주고받을 수 있게 된다.

사실, 이때 통신을 시작하는 쪽의 컴퓨터도 포트 번호를 하나 사용하고 있다. 이 점은 자주 잊기 쉬운데, 대부분의 경우 자신의 포트 번호에는 잘 알려진 포트 이외의 범위에서 번호가 자동으로 순차적으로 할당된다.

▌ UDP의 포트 번호

전송 계층의 프로토콜로 UDP를 사용하는 통신에서도 마찬가지로 상대의 IP 주소, 상대의 포트 번호, 자신의 IP 주소, 자신의 포트 번호가 사용된다. 각각이 갖는 의미는 대체적으로 TCP의 경우와 동일하다. 단, UDP에는 연결 개념이 없어 사전 준비 없이 상대에게 정보를 송출할 수 있기 때문에 TCP와 달리 자신의 포트 번호에 의한 연결을 구별할 필요가 없다.

● 포트 번호로 한 대의 컴퓨터 안의 여러 서비스를 구별할 수 있다

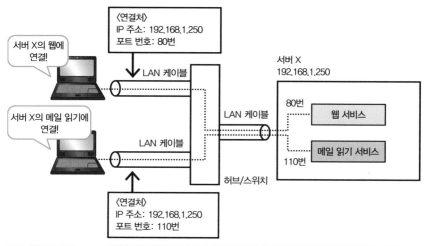

포트 번호	프로토콜	주요 용도
80	HTTP	웹 액세스
443	HTTPS	암호화된 웹에 액세스
110	POP3	수신함 읽기
143	IMAP4	수신함에 액세스
25	SMTP	서버 간 메일 전송
587	SMTP submission	PC에서 메일 서버로 메일 송신
20	FTP data	파일 전송(데이터 전송용)
21	FTP control	파일 전송(데이터 제어용)

대표적으로 잘 알려진 포트

● TCP에서 자신의 포트 번호가 갖는 의미

자신의 포트는 상대가 정보를 반환하는 곳이 되며, 동일한 상대의 동일한 포트에 여러 연결이 있을 때 각각을 구별하는 역할도 한다.

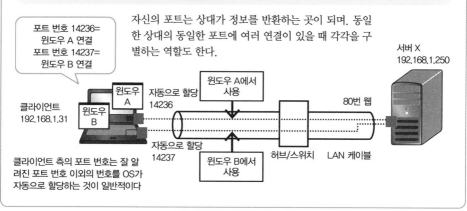

관련 용어 TCP P.48 | UDP P.48 | 전송 계층 P.48 | 패킷 필터 P.154

11 글로벌 IP 주소와 프라이빗 IP 주소

▌ 조직 안에서 사용하는 프라이빗 IP 주소

IP 주소는 인터넷에 연결하는 컴퓨터를 식별하는 기능이 있기 때문에 다른 컴퓨터와 중복되지 않도록 할당하는 것이 원칙이지만, 실제로 이 원칙을 따르지 않는 IP 주소도 있다. 전세계에서 유일무이해야 하는 주소는 글로벌 IP 주소라고 하고, 그렇지 않은 주소는 프라이빗 IP 주소라고 한다. 둘 다 똑같은 IP 주소의 일부이지만 사용하는 수치의 범위로 둘을 구분한다.

프라이빗 IP 주소는 조직이나 가정 등 내부 네트워크에서 사용한다. 그래서 서로 다른 두 조직이라면 중복되는 프라이빗 IP 주소를 사용해도 전혀 문제가 없다. 컴퓨터를 식별할 수 있도록 조직이나 가정의 한 네트워크 안에서만 IP 주소가 중복되지 않으면 된다.

▌ 고갈을 맞이한 글로벌 IP 주소

IP 주소는 이론상 약 43억(2의 32승) 개의 단말기를 식별할 수 있다. 하지만 인터넷 이용이 증가함에 따라 각 조직이나 통신 사업자에게 할당된 글로벌 IP 주소가 얼마 남지 않아, 글로벌 IP 주소(정확히는 IPv4 주소)가 고갈 직전에 이르게 되었다. 그래서 소수의 글로벌 IP 주소를 공동으로 사용하여 인터넷에 연결하는 NAPT와 같은 주소 변환 기술(3-09 참조)이 나왔다. 주소 변환 기술의 보급으로 IP 주소의 부족은 완화되었지만 그래도 완전히 피할 수는 없어 2015년에 전세계적으로 고갈되게 되었다. 현재는 미사용분을 회수하여 돌려 사용하고 있는 상태이지만 앞으로는 사용자에게도 영향이 미칠 우려가 있다.

그렇기 때문에 새로운 IP 프로토콜인 IPv6으로 옮겨가는 것을 추진하고 있지만 IPv6을 사용하는 인터넷은 현재의 인터넷과는 완전히 별개의 것이라 IPv6에 연결되는 사이트가 아직 적다. 또한 네트워크에 연결하는 기기에 IPv6을 지원해야 하기 때문에 이전이 아직 충분히 진행되고 있지 않다. IPv6은 약 349간 개(2의 128승)의 단말기를 식별할 수 있기 때문에 고갈의 염려는 없다고 한다.

● **특정 범위를 프라이빗 IP 주소로 취급한다**

클래스 A   10.0.0.0 ～ 10.255.255.255

클래스 B   172.16.0.0 ～ 172.31.255.255

클래스 C   192.168.0.0 ～ 192.168.255.255

*IPv4의 경우이다. 클래스에 대해서는 2-12를 참조.

● **프라이빗 IP 주소는 내부 네트워크 안에서만 사용할 수 있다**

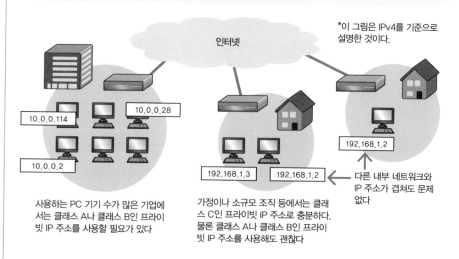

*이 그림은 IPv4를 기준으로 설명한 것이다.

인터넷

10.0.0.114

10.0.0.28

10.0.0.2

192.168.1.3

192.168.1.2

192.168.1.2

다른 내부 네트워크와 IP 주소가 겹쳐도 문제 없다

사용하는 PC 기기 수가 많은 기업에서는 클래스 A나 클래스 B인 프라이빗 IP 주소를 사용할 필요가 있다

가정이나 소규모 조직 등에서는 클래스 C인 프라이빗 IP 주소로 충분하다. 물론 클래스 A나 클래스 B인 프라이빗 IP 주소를 사용해도 괜찮다

● **IPv4 주소의 고갈과 IPv6으로의 이전**

IPv4로 식별할 수 있는 단말기 수

약 43억

하지만 이미 다 사용해 버렸다…

앞으로는 IPv6으로 옮겨갈 것으로 여겨진다

IPv6으로 식별할 수 있는 단말기 수

약 340간

엄청나다!

관련
용어   IP 주소 P.56 | IP 주소 할당 P.172 | NAT P.94 | NAPT P.94 | 고정 IP 주소 P.178

12 IP 주소의 클래스와 넷마스크

▐▊ 네트워크부와 호스트부

IP 주소는 일반적인 표기 외에 32자리의 비트열(이진 표기법)로도 나타낼 수 있다. 32비트로 나타낸 IP 주소는 왼쪽에 있는 네트워크부라 부르는 부분과 오른쪽에 있는 호스트부라 부르는 부분으로 나뉜다.

네트워크부는 어떤 네트워크를 특정하는 정보이며, 호스트부는 그 네트워크 안의 컴퓨터를 특정한다. 이 둘을 묶은 것이 하나의 IP 주소가 된다.

▐▊ 네트워크 규모에 따라 정해져 있는 IP 주소의 클래스

IP 주소에는 클래스라는 개념이 있다. 클래스는 A부터 E까지 있는데, D와 E는 특수한 용도로 사용하므로 일반적인 주소로 사용하는 것은 클래스 A~C이다. 클래스 A~C의 차이는 하나의 네트워크 주소 안에서 몇 대의 컴퓨터를 식별할 수 있는지, 즉 네트워크의 규모다. 클래스 A는 최대 16,777,214대의 컴퓨터를 구별할 수 있으므로 대규모 네트워크에 적합하다. 반면에 클래스 C는 최대 254대의 컴퓨터를 구별할 수 있으므로 소규모 네트워크에 적합하다.

네트워크부의 길이를 보면 클래스 A는 네트워크부가 8비트(맨 앞은 반드시 0)로 정해져 있어 00000000(0)부터 01111111(127)까지 나타낼 수 있다. 따라서 클래스 A가 사용할 수 있는 것은 128개의 네트워크로 한정된다. 한편 클래스 C의 네트워크부는 24비트(맨 앞은 반드시 110)로 정해져 있으며 2,097,152개의 네트워크를 이용할 수 있다.

▐▊ 네트워크부를 알고 싶을 때는 넷마스크를 사용한다

IP 네트워크의 네트워크부에 해당하는 부분을 1로 만든 비트열을 넷마스크라고 한다. 이 넷마스크와 IP 주소를 AND 연산(제2장 칼럼 참조)하면 네트워크 주소를 추출할 수 있다. 네트워크 주소는 호스트부를 전부 0으로 만든 것으로, 해당 네트워크 자체를 나타낸다.

플러스 1 　'모든 자리를 1로 만든 주소'와 '호스트부를 모두 1로 만든 주소'를 브로드캐스트 주소라고 한다. 브로드캐스트 주소는 컴퓨터에 한꺼번에 송신할 때 사용한다.

● IP 주소는 네트워크부와 호스트부로 구성된다

일반적 표기

203. 0. 113. 43

비트열로 표기

네트워크부   호스트부

네트워크부와 호스트부의 배분이 다른 **클래스**가 정해져 있어 맨 앞의 몇 비트의 상태로 클래스를 판별할 수 있다.

클래스 A
대규모
네트워크용

클래스 B
중규모
네트워크용

클래스 C
소규모
네트워크용

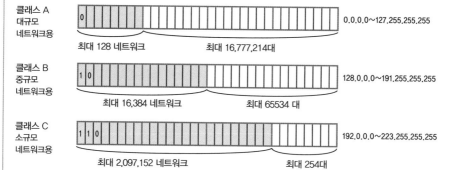

| 0 | | 0.0.0.0~127.255.255.255 |

최대 128 네트워크   최대 16,777,214대

| 1 0 | | 128.0.0.0~191.255.255.255 |

최대 16,384 네트워크   최대 65534 대

| 1 1 0 | | 192.0.0.0~223.255.255.255 |

최대 2,097,152 네트워크   최대 254대

이 외에 IP 멀티캐스트에 사용되는 클래스 D(맨 앞 1110), 미래를 위해 예약되어 있는 클래스 E(맨 앞 1111)가 있다

*이 그림은 IPv4를 기준으로 설명한 것이다

● 넷마스크와 AND 연산을 하면 네트워크 주소를 구할 수 있다

네트워크부에 해당하는 위치의 비트를 1로 만든 것을 **넷마스크**라고 하는데, IP 주소로 부터 네트워크 주소를 추출하기 위해 사용한다.

십진법 표기의 경우

IP 주소

넷마스크
AND

네트워크 주소

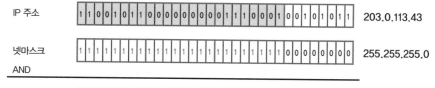

203.0.113.43

255.255.255.0

203.0.113.0

IP 주소와 넷마스크를 AND 연산하면 호스트부 가 0인 네트워크부만 추출되어 네트워크 주소를 구할 수 있다

*이 그림은 IPv4를 기준으로 설명한 것이다. AND 연산에 대해서는 p.76의 칼럼을 참조

관련
용어   AND 연산 P.76 | IP 주소 P.56 | 멀티캐스트 P.66 | 브로드캐스트 P.66

2

TCP/IP 기본 지식

13 서브네팅와 서브넷 마스크

작은 네트워크로 나누는 이유

조직의 네트워크는 하나의 큰 네트워크로 만드는 대신 작은 네트워크로 나누는 경우가 많다. 브로드캐스트(2-14 참조)가 도달하는 범위를 한정하거나 고장의 파급 범위를 최소한으로 하기 위해서다. 브로드캐스트란 네트워크 안의 모든 컴퓨터에 한꺼번에 데이터를 송신하는 것으로, 그 범위가 너무 넓으면 관계없는 컴퓨터에까지 쓸데없는 처리를 시켜 네트워크의 통신 능력을 낭비하게 된다. 또한 네트워크가 고장 났을 때를 대비하여 고장의 영향 범위를 최소한으로 줄이는 것이 좋다. 이런 점에서 하나의 거대한 네트워크를 만들지 않고, 물리적인 배치나 부서 등을 단위로 작은 네트워크를 만들고 그것들을 연결하는 구성을 일반적으로 사용한다.

서브네팅와 서브넷 마스크

작은 네트워크로 나눠서 그것들을 연결하는 구성을 서브네팅이라고 한다. 서브네팅을 할 때는 IP 주소 안의 네트워크부를 늘리고 그만큼 호스트부를 줄인다. 관점을 바꿔서 말하자면 호스트부의 일부를 네트워크부로 사용한다고 할 수 있다. 오른쪽 페이지의 그림과 같이 2비트를 늘리면 이를 사용하여 네 개의 서브넷을 사용할 수 있다. 몇 비트를 늘릴지는 필요에 따라 정하지만, 늘리면 늘릴수록 하나의 서브넷 안에서 컴퓨터에 부여할 수 있는 주소가 적어진다는 점은 주의해야 한다.

서브네팅을 할 때도 넷마스크(2-12 참조)의 개념은 바뀌지 않는다. 네트워크부가 늘어나므로 서브넷 마스크의 '1' 부분도 늘어난다. 서브네팅을 했을 때의 네트워크를 특별히 서브넷 마스크라고 부르지만 일반적으로는 넷마스크와 서브넷 마스크라는 말은 구별 없이 사용하는 경우가 많다.

또한, 서브넷 마스크는 왼쪽 끝에 하나 이상의 '1'이 연속되어야 한다. 서브넷 마스크에는 중간에 '0'이 들어가는 값은 사용할 수 없다.

플러스 1 ▷ 브로드캐스트가 미치는 범위를 '브로드캐스트 도메인'이라고 한다. 브로드캐스트 도메인은 적절한 크기로 분할해야 한다.

● 서브네팅을 하여 작은 네트워크로 나눈다

서브네팅이란 하나의 네트워크를 여러 개의 서브넷으로 분할하는 것이다.

네트워크 주소가 192.168.1.0(192.168.1.0~192.168.1.255)인 IP주소를 더욱 작게 나눠 각각의 네트워크에서 사용하는 경우…

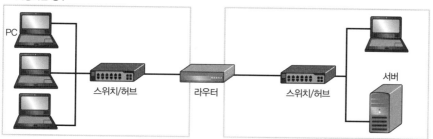

PC

스위치/허브   라우터   스위치/허브   서버

| 네트워크 주소 : 192.168.1.0 |
| 사용하는 범위 : 192.168.1.0~63 |
| 서브넷 마스크 : 255.255.255.192 |

| 네트워크 주소 : 192.168.1.64 |
| 사용하는 범위 : 192.168.1.64~127 |
| 서브넷 마스크 : 255.255.255.192 |

● 서브네팅을 할 때는 네트워크부를 늘린다

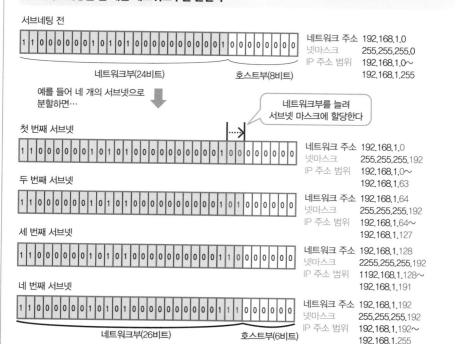

서브네팅 전

| 1 | 1 | 0 | 0 | 0 | 0 | 0 | 0 | 1 | 0 | 1 | 0 | 1 | 0 | 0 | 0 | 0 | 0 | 0 | 0 | 0 | 0 | 0 | 1 | 0 | 0 | 0 | 0 | 0 | 0 | 0 | 0 |

네트워크부(24비트)   호스트부(8비트)

네트워크 주소 192.168.1.0
넷마스크　　　255.255.255.0
IP 주소 범위　192.168.1.0~
　　　　　　　192.168.1.255

예를 들어 네 개의 서브넷으로
분할하면…

네트워크부를 늘려
서브넷 마스크에 할당한다

첫 번째 서브넷

| 1 | 1 | 0 | 0 | 0 | 0 | 0 | 0 | 1 | 0 | 1 | 0 | 1 | 0 | 0 | 0 | 0 | 0 | 0 | 0 | 0 | 0 | 0 | 1 | 0 | 0 | 0 | 0 | 0 | 0 | 0 | 0 |

네트워크 주소 192.168.1.0
넷마스크　　　255.255.255.192
IP 주소 범위　192.168.1.0~
　　　　　　　192.168.1.63

두 번째 서브넷

| 1 | 1 | 0 | 0 | 0 | 0 | 0 | 0 | 1 | 0 | 1 | 0 | 1 | 0 | 0 | 0 | 0 | 0 | 0 | 0 | 0 | 0 | 0 | 1 | 0 | 1 | 0 | 0 | 0 | 0 | 0 | 0 |

네트워크 주소 192.168.1.64
넷마스크　　　255.255.255.192
IP 주소 범위　192.168.1.64~
　　　　　　　192.168.1.127

세 번째 서브넷

| 1 | 1 | 0 | 0 | 0 | 0 | 0 | 0 | 1 | 0 | 1 | 0 | 1 | 0 | 0 | 0 | 0 | 0 | 0 | 0 | 0 | 0 | 0 | 1 | 1 | 0 | 0 | 0 | 0 | 0 | 0 | 0 |

네트워크 주소 192.168.1.128
넷마스크　　　2255.255.255.192
IP 주소 범위　1192.168.1.128~
　　　　　　　192.168.1.191

네 번째 서브넷

| 1 | 1 | 0 | 0 | 0 | 0 | 0 | 0 | 1 | 0 | 1 | 0 | 1 | 0 | 0 | 0 | 0 | 0 | 0 | 0 | 0 | 0 | 0 | 1 | 1 | 1 | 0 | 0 | 0 | 0 | 0 | 0 |

네트워크부(26비트)   호스트부(6비트)

네트워크 주소 192.168.1.192
넷마스크　　　255.255.255.192
IP 주소 범위　192.168.1.192~
　　　　　　　192.168.1.255

관련
용어 IP 주소 P.56 | 넷마스크 P.62 | 브로드캐스트 P.66

14 브로드캐스트와 멀티캐스트

브로드캐스트

IP 프로토콜을 사용하는 통신에서는 일대일 통신 외에도 몇 가지 통신 형태를 이용할 수 있다. 일대일 통신을 유니캐스트, 동일한 이더넷에 연결되어 있는 모든 컴퓨터에 데이터를 보내는 통신을 브로드캐스트라고 한다. 브로드캐스트를 이용하는 대표적인 프로토콜은 ARP, DHCP 등이 있다.

브로드캐스트를 하려면 특수한 주소인 255.255.255.255(리미티드 브로드캐스트 주소)로 패킷을 보내거나, IP 주소의 호스트부를 모두 1로 만든 주소(디렉티드 브로드캐스트 주소)로 패킷을 보낸다.

전자의 주소로 보낸 패킷은 동일한 이더넷 안의 모든 컴퓨터에게 전달되지만 라우터로 연결된 다른 네트워크에는 전달되지 않는다. 후자의 주소로 보낸 패킷은 필요에 따라 라우터를 통해 목적지 네트워크로 보내져, 그곳에 연결되어 있는 모든 컴퓨터에 보내진다. 그러나 일반적으로 라우터는 이 중계를 금지하는 것을 권장하고 있기 때문에 네트워크 외부에서 브로드캐스트가 보내져오는 일은 없다.

멀티캐스트

멀티캐스트는 어떤 그룹에 포함되어 있는 특정 컴퓨터에만 데이터를 보내는 것이다. 멀티캐스트를 할 때는 IP 주소로 클래스 D(224.0.0.0~239.255.255.255) 주소를 사용한다. 멀티캐스트 중에서도 IP 멀티캐스트라 부르는 기술을 사용하면, 네트워크에 부하를 주지 않고 특정 컴퓨터들에 대해 동영상이나 음성을 보낼 수 있다. 하지만 이 경우 관련된 모든 라우터가 이 기능을 지원해야 하기 때문에 유니캐스트나 브로드캐스트에 비해 이용할 수 있는 경우가 한정된다. 멀티캐스트를 사용하는 애플리케이션으로는 동영상이나 음성 배포, 화상 회의 등이 있다.

● 브로드캐스트와 멀티캐스트

브로드캐스트와 멀티캐스트는 둘 다 여러 컴퓨터를 대상으로 통신하는 방식이지만 보낼
수 있는 범위가 다르다.

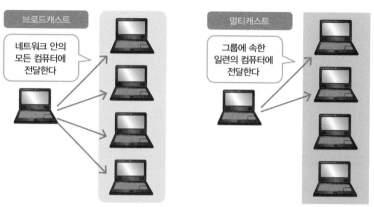

이들과 구별하여 한 대의 컴퓨터에 전달하는 통신 방식을 유니캐스트라고 한다
*이 그림은 IPv4를 기준으로 설명한 것이다

● 브로드캐스트는 라우터를 통과하지 못한다

리미티드 브로드캐스트 주소(255.255.255.255) 앞으로 송신한 정보는 네트워크 안의
모든 컴퓨터에 보내지지만, 라우터 너머에 있는 네트워크에는 전달되지 않는다.

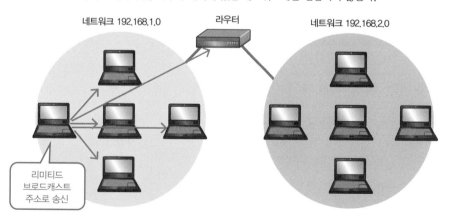

*이 그림은 IPv4를 기준으로 설명한 것이다

관련
용어 ARP P.80 │ DHCP P.92 │ IP 주소 클래스 P.62

2

T C P / I P 기 본 지 식

15 허브/스위치의 역할과 기능

▓ 허브/스위치의 외관

사무실이나 가정의 네트워크에서 자주 볼 수 있는 기기로 허브/스위치가 있다. 허브/스위치의 외관상 특징은 LAN 케이블을 연결하는 포트가 많이 나열되어 있다는 것이다. 각각의 포트에 컴퓨터를 연결하여 네트워크를 구성한다.

▓ 허브와 스위치의 차이

'허브'와 '스위치'는 원래는 똑같은 것을 가리키는 말이다. 줄이지 않고 쓰면 둘 다 '스위칭 허브'가 된다. 스위칭 허브의 보급과 함께 허브라고 하면 스위칭 허브를 가리키는 말이 되었고, 스위칭 부분만을 따로 뺀 것을 스위치라고 부르게 되어 두 가지 호칭을 사용하게 된 듯하다.

하지만 지금은 데이터 전송 기능이라는 한 가지 기능만 갖고 있는 것을 허브라고 부르고, 그 외의 각종 관리 기능(웹 화면 설정, 내부 정보 읽고 쓰기 등)이나 VLAN 기능(4-05 참조) 등을 갖고 있는 것을 스위치라고 부르는 경우가 많다. 이 책에서는 필요한 경우 이 두 표기를 모두 사용한다.

▓ 데이터 링크 계층보다 아래를 확장하는 허브/스위치

허브/스위치는 '물리 계층(레이어 1) 및 데이터 링크 계층(레이어 2)의 프로토콜인 이더넷에서 이더넷 프레임을 전송'하는 역할을 한다. 좀 더 알기 쉽게 설명하자면 허브/스위치는 '이더넷의 신설이나 확장에 사용하는 것'이다. PC나 서버로 새로 네트워크를 만들 때나 포트가 부족할 때 허브/스위치를 마련하여 필요한 포트를 확보한다. 이렇게 이더넷의 신설 및 확장에 사용하는 것이다. 레이어로 나타내자면 물리 계층(레이어 1)과 데이터 링크 계층(레이어 2)의 범위에서 네트워크의 신설 및 확장을 한다고 할 수 있다.

허브/스위치는 물리 계층과 데이터 링크 계층에서 작동한다

허브/스위치는 OSI 참조 모델의 물리 계층과 데이터 링크 계층에서 작동하는 기기이다.

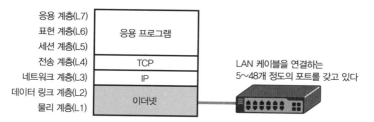

LAN 케이블을 연결하는
5~48개 정도의 포트를 갖고 있다

허브와 스위치의 차이

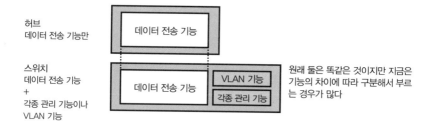

원래 둘은 똑같은 것이지만 지금은 기능의 차이에 따라 구분해서 부르는 경우가 많다

두 개의 이더넷을 허브/스위치로 연결하면…

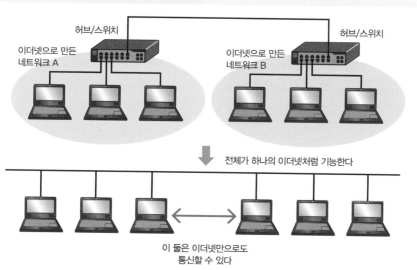

이 둘은 이더넷만으로도
통신할 수 있다

관련 용어 L2 스위치 P.100 | VLAN P.106 | 데이터 링크 계층 P.42 | 물리 계층 P.42 | 이더넷 P.98

16 라우터의 역할과 기능

▣ 라우터의 기능

라우터는 네트워크에서 중심 역할을 하는 기기이다. 라우터의 기능을 한마디로 말하자면 '네트워크 계층(레이어 3)의 프로토콜인 IP를 사용하여 IP 패킷을 전송'하는 것이다. 사용 면에서 보면, '서로 독립적인 이더넷 네트워크 사이에 들어가 둘 사이에서 패킷(정보)을 중계하는 것'이라고 할 수 있다. 이더넷만으로는 서로 통신할 수 없는 개별 네트워크 사이에 라우터가 들어옴으로써 서로 통신할 수 있게 되는 것이다. 그렇게 해서 개별 네트워크의 독립성이 지켜진다.

레이어 측면에서 보면 물리 계층(레이어 1)과 데이터 링크 계층(레이어 2)의 이더넷에서는 독립적인 네트워크를 네트워크 계층(레이어 3)의 기능으로 중계하는 것이 라우터인 것이다.

▣ 라우터의 동작과 레이어 대응 관계

라우터의 동작과 레이어의 대응 관계를 살펴보자. 오른쪽 페이지 맨 위쪽 그림의 컴퓨터 A와 컴퓨터 B는 이더넷 범위에서는 다른 네트워크에 속해 있지만, 라우터로 네트워크가 연결되어 있다.

컴퓨터 A의 이더넷과 라우터의 이더넷은 직접 연결되어 있어서 이를 사용해 통신할 수 있다. 그렇다면 컴퓨터 A의 IP(프로토콜)와 라우터의 IP는 어떨까? 이 둘은 하위 이더넷의 기능으로 통신할 수 있다. 마찬가지로 라우터의 IP와 컴퓨터 B의 IP도 하위 이더넷의 기능으로 통신할 수 있다. 여기서 라우터의 IP는 중계 기능을 갖고 있다. 따라서 중계 기능에 의해 컴퓨터 A의 TCP는 IP에게 데이터 송신을 의뢰하고 컴퓨터 B에게 데이터를 전달할 수 있게 된다.

이처럼 라우터는 IP 네트워크에서 매우 중요한 역할을 하고 있다. 라우터는 이더넷을 확장하는 기능을 갖고 있는 허브/스위치와는 전혀 다른 동작을 하고 있다는 것을 알 수 있을 것이다.

● 라우터는 네트워크 계층에서 작동한다

라우터는 본질적으로는 OSI 참조 모델의 물리 계층과 네트워크 계층 사이에서 작동하는 기기이다.

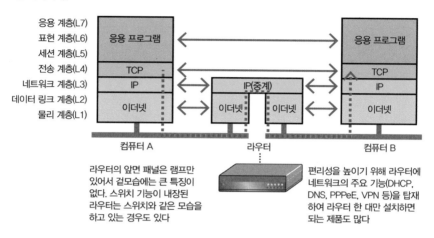

응용 계층(L7)
표현 계층(L6)
세션 계층(L5)
전송 계층(L4)
네트워크 계층(L3)
데이터 링크 계층(L2)
물리 계층(L1)

응용 프로그램 ←→ 응용 프로그램
TCP ←→ TCP
IP ←→ IP(중계) ←→ IP
이더넷 ←→ 이더넷 이더넷 ←→ 이더넷

컴퓨터 A　　　　라우터　　　　컴퓨터 B

라우터의 앞면 패널은 램프만 있어서 겉모습에는 큰 특징이 없다. 스위치 기능이 내장된 라우터는 스위치와 같은 모습을 하고 있는 경우도 있다

편리성을 높이기 위해 라우터에 네트워크의 주요 기능(DHCP, DNS, PPPeE, VPN 등)을 탑재하여 라우터 한 대만 설치하면 되는 제품도 많다

● 두 개의 이더넷을 라우터로 연결하면…

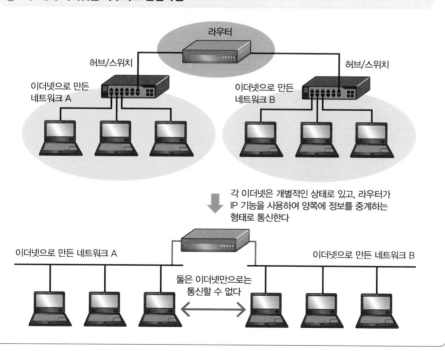

라우터

허브/스위치　　　　　　　　　　　　허브/스위치

이더넷으로 만든
네트워크 A

이더넷으로 만든
네트워크 B

각 이더넷은 개별적인 상태로 있고, 라우터가 IP 기능을 사용하여 양쪽에 정보를 중계하는 형태로 통신한다

이더넷으로 만든 네트워크 A　　　　　　　　　이더넷으로 만든 네트워크 B

둘은 이더넷만으로는 통신할 수 없다
←→

관련
용어

네트워크 계층 P.42 | 라우터 P.102 | 라우팅 P.86

17   IPv6

▌ IPv6이란?

TCP/IP의 인터넷 계층에서는 인터넷 프로토콜(IP)을 사용한다고 2-04에서 설명했다. 최근에는 이 IP의 새로운 버전이 보급되고 있다. 새로운 IP 버전은 버전 번호가 6이기 때문에 'IPv6'이라 부른다. 마찬가지로 기존에 사용하던 IP는 버전 번호가 4이기 때문에 'IPv4'라고 부른다.

▌ IPv6의 IP 주소

IPv6에서 사용하는 IP 주소의 구조나 표기 방법은 지금까지 사용하던 IPv4와 비교하면 상당히 많이 다르다. IPv6에서는 네 자리의 16진수(알파벳은 소문자를 사용)를 ':'으로 구분하여 여덟 개로 나열하는 것이 기본이다. IP 주소가 길어지면 읽고 쓰기 불편하기 때문에 생략해서 표기하는 규칙도 정해져 있다.

단말기 등에 할당하는 주소의 경우 IPv4에서는 필요에 따라 네트워크부의 길이를 늘리고 줄이는 것이 일반적이었지만, IPv6에서는 네트워크부에 해당하는 프리픽스가 보통 64비트로 고정되어 있다.

▌ IPv6을 사용한 인터넷

최근 인터넷에서도 IPv6을 사용하고 있지만 IPv6으로 액세스할 수 있는 인터넷과 기존에 있던 IPv4로 엑세스하는 인터넷은 별개라고 생각해야 한다. IPv4와 IPv6 두 인터넷에 모두 연결되어 있는 웹 사이트는 일부 대형 사이트를 제외하고 아직까지는 그다지 많지 않다.

IPv6 인터넷에 액세스하려면 PC나 단말기가 IPv6을 지원하도록 설정되어 있어야 하고(처음부터 설정되어 있는 것이 많음), 프로바이더(ISP)에게 IPv6 이용 신청을 하여(불필요한 경우도 있음) 라우터에 필요한 설정을 하는(자동 설정되는 경우가 있음) 절차를 밟는 것이 일반적이다.

● **주요 주소 형식(글로벌 유니캐스트 주소)**

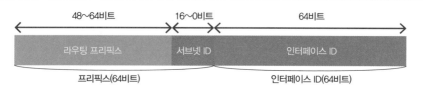

48~64비트	16~0비트	64비트
라우팅 프리픽스	서브넷 ID	인터페이스 ID

프리픽스(64비트)　　　　　　　인터페이스 ID(64비트)

주소 예

2001:0db8:0000:0000:0001:0000:0000:89ab

● **IPv6 주소 표기 예**

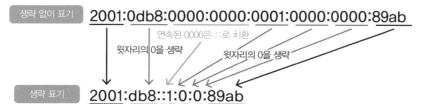

생략 없이 표기　2001:0db8:0000:0000:0001:0000:0000:89ab

윗자리의 0을 생략　　연속된 0000은 ::로 치환　　윗자리의 0을 생략

생략 표기　2001:db8::1:0:0:89ab

연속된 0000을 ::으로 치환하는 것은 한 군데만 가능하다. 여러 곳에 있을 때는 연속된 0이 많은 쪽에,
같은 경우는 왼쪽에 적용한다

● **IPv4와 IPv6이 별개의 인터넷이라고 생각하면 쉽게 이해할 수 있다**

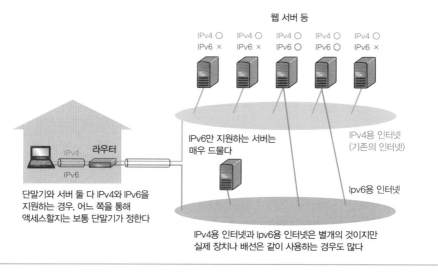

웹 서버 등

| IPv4 ○ | IPv4 ○ | IPv4 ○ | IPv4 ○ | IPv4 ○ |
| IPv6 × | IPv6 × | IPv6 ○ | IPv6 ○ | IPv6 × |

IPv6만 지원하는 서버는
매우 드물다

IPv4용 인터넷
(기존의 인터넷)

라우터

IPv4

IPv6

Ipv6용 인터넷

단말기와 서버 둘 다 IPv4와 IPv6을
지원하는 경우, 어느 쪽을 통해
액세스할지는 보통 단말기가 정한다

IPv4용 인터넷과 Ipv6용 인터넷은 별개의 것이지만
실제 장치나 배선은 같이 사용하는 경우도 많다

관련
용어　IP P.46 │ IPv4용 네트워크부 P.62 │ 인터넷 계층 P.46

18 통신 속도와 지연

통신 속도와 지연

네트워크의 품질(좋고 나쁨)을 생각할 때 '통신 속도'에만 주목하기 쉽지만, 사실은 '지연'도 네트워크의 품질을 결정하는 중요한 요인이다.

먼저 **통신 속도**는 '1초 동안 주고받을 수 있는 비트 수(정보량)'를 나타낸다. 쉽게 말해 다운로드 속도나 동영상 재생 속도 등에 의해 정해진다.

통신 속도의 '최대치'는 보통 채택하고 있는 통신 규격에 따라 결정된다. 이와 달리 실제로 사용하여 얻을 수 있는 통신 속도를 **실효 속도**라고 하는데, 그 값은 통신 규격이 정하는 이론상의 통신 속도보다 느리다. 여기에는 몇 가지 이유가 있지만 특히 전파를 이용하는 통신의 경우 이용 지점의 전파 세기나 방해 전파 유무에 의해 통신 속도가 크게 좌우되기 때문에 그렇다. 또한, 유무선을 불문하고 동시에 이용중인 사람에게는 원칙적으로 균등한 통신의 기회가 주어지기 때문에, 동시 이용자 수가 많을수록(혼잡할수록) 한 사람당 통신 속도는 느려진다. 그 외에 기기의 처리 능력의 영향도 받는다.

한편 **지연**은 '송신한 정보를 상대가 수신할 때까지 걸리는 시간'을 말한다. 쉽게 말해 통신 상대의 반응 속도가 얼마나 빠른지와 관련된 것으로, 특히 e-스포츠 등에서는 지연의 크고 작음이 결과를 크게 좌우한다.

지연은 통신 상대와의 거리, 사용하는 통신 매체, 중간에 있는 통신 기기의 성능과 수 등에 의해 결정된다. 통신 속도와 마찬가지로 동시 이용자가 늘어나면 순서가 돌아올 때까지 실제 송신이 유보되므로, 자신은 송신을 했다고 해도 그 대기 시간만큼 지연이 추가되어 체감상 지연은 더 커진다.

둘의 관계

실제로 얻을 수 있는 통신 속도(실효 속도)와 실제로 발생하는 지연은 서로 영향을 주고받는 관계에 있다. 일반적으로 지연이 크면 실효 속도가 느려지는 쪽으로 움직이고, 실효 속도가 느리면 지연이 커지는 방향으로 움직인다. 특히 신뢰성을 높이기 위해 상대의 정상 수신을 확인하는 TCP와 같은 프로토콜은, 지연이 커지면 상대의 수신 확인이 전달되는 것을 기다리는 시간이 늘어나 통신 속도에 대한 영향이 커지기 쉽다.

> **플러스 1** 요즘 주목받고 있는 인공 위성을 이용한 인터넷 연결 서비스에서 저궤도 위성이 사용되는 이유는, 저궤도 위성이 전파가 강하면서 지표와 위성의 거리가 가까워 지연이 적기 때문이기도 하다.

● 통신 속도와 지연

통신 속도
- 1초 동안 주고 받을 수 있는 비트 수(정보량)를 나타낸다
- 단위는 bps(bit per second)로, 그 외에 비트/수 또는 비트/초로도 표기한다
- 단위 앞에 k(킬로=10^3), M(메가=10^6), G(기가=10^9) 등을 붙여 '100Mbps', '100기가 비트/초'와 같은 형태로 사용하는 경우가 많다

지연
- 송신한 정보를 상대가 수신할 때까지 걸리는 시간을 나타낸다
- 단위는 s(second) 또는 초를 사용한다
- 단위 앞에 m(밀리=10^{-3}), μ (마이크로=10^{-6}), n(나노=10^{-9}) 등을 붙여 '25ms', '25밀리초'와 같은 형태로 사용하는 경우가 많다

● 지연은 e-스포츠의 승패를 크게 좌우한다

예를 들어, 서버가 보내오는 신호로 키보드를 얼마나 빨리 누르는지를 겨루는 경기를 한다면 지연이 20밀리초인 B보다 지연이 5밀리초인 A가 압도적으로 유리하다.

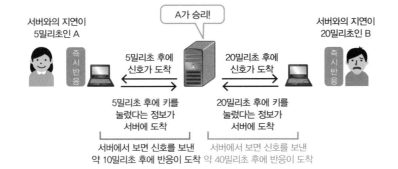

서버와의 지연이 5밀리초인 A

A가 승리!

서버와의 지연이 20밀리초인 B

5밀리초 후에 신호가 도착

20밀리초 후에 신호가 도착

5밀리초 후에 키를 눌렀다는 정보가 서버에 도착

20밀리초 후에 키를 눌렀다는 정보가 서버에 도착

서버에서 보면 신호를 보낸 약 10밀리초 후에 반응이 도착

서버에서 보면 신호를 보낸 약 40밀리초 후에 반응이 도착

● 거리와 지연의 관계

광 섬유 안의 속도는 초당 20만 km 정도이다. 가령 2,000km(서울과 홍콩까지의 거리) 떨어진 상대와 한 줄의 광 케이블로 연결되어 있다면, 내가 보낸 빛(=정보)이 상대에게 도달할 때까지 약 1/100초 즉 약 10밀리초의 시간이 걸린다. 적어도 10밀리초의 지연이 발생하는 것이다.

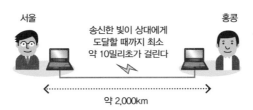

서울

홍콩

송신한 빛이 상대에게 도달할 때까지 최소 약 10밀리초가 걸린다

약 2,000km

관련 용어 TCP P.50

서브넷 마스크 계산에 빼놓을 수 없는 AND 연산을 알아 두자

서브넷 마스크 계산에 사용되는 AND 연산은 논리 연산 중 하나이다. 논리 연산은 참과 거짓, 두 가지 값(진리값)을 갖고 있는 정보에 대해 사용한다. 이진법으로 나타낸 수, 즉 0과 1로 나타낸 데이터에 대해 이 논리 연산을 적용하는 경우가 많다.

논리 연산은 가감승제와 같은 보통의 산술 연산과는 달리, 그 자체에 자리올림이라는 개념이 없다. 0 또는 1로 나타나는 입력에 대해 0 또는 1의 결과가 정해진다. 여러 자리를 갖고 있는 두 개의 이진수 값에 대해 연산을 하는 경우는 자리의 위치를 맞춰 각자리별로 계산한다.

기본적인 논리 연산으로는 OR(논리합), AND(논리곱), NOT(부정)이 있다. 그중 서브넷 마스크에 사용되는 AND 연산은 '두 개의 값이 둘 다 1이면 결과는 1이 된다'는 규칙으로 연산을 한다. 예를 들어 이진수로 1010과 0011을 AND 연산하면 구해지는 결과는 0010이 된다.

AND 연산의 결과를 자세히 보면 두 번째 값(앞의 예에서는 0011)에서 '0'인 자리의 결과는 반드시 '0'이 되고, 두 번째 값에서 '1'인 자리는 첫 번째 값(앞의 예에서는 1010)과 똑같은 자리의 값이 그대로 추출된다는 것을 알 수 있다.

이 성질을 이용하여 어떤 이진수의 자리 중 일부를 추출하고 싶을 때는 '추출하고 싶은 자리를 1로 만든 값과 AND' 연산을 하면 되는 것이다. 이때 추출하고 싶은 자리에 '1'을 나열한 것을 비트마스크라고 한다. 이 개념을 IP 주소의 넷마스크를 계산할 때 사용한다.

AND 계산 규칙

입력		결과
A	B	A AND B
0	0	0
0	1	0
1	0	0
1	1	1

계산 예

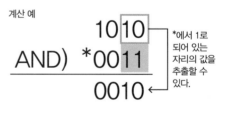

*에서 1로 되어 있는 자리의 값을 추출할 수 있다.

TCP/IP
통신 원리

이 장에서는 TCP/IP와 관련된 기술 중 네트
워크의 본질적인 기능과 관련하여 세부적인
관점이 필요한 것을 다룬다. 특별히 언급되지
않는 한 대부분은 IPv4를 기준으로 설명한다.

01　MAC 주소

MAC 주소의 개요

MAC 주소(Media Access Control address)는 이더넷과 같은 네트워크 하드웨어에 하나씩 할당되어 있는 주소다. 원칙적으로는 다른 것과 중복되지 않는 유일한 값을 가지며, 물리 주소라고 부르기도 한다. 이더넷의 MAC 주소는 00부터 FF까지의 십육진수로 나타낸 여섯 개의 값을 '−(하이픈)' 또는 ':(콜론)'으로 구분하여 나타낸다. 이중 처음 세 개의 값은 제조업체를 나타내는 벤더 ID, 네 번째 값은 제품 기종을 나타내는 기종 ID, 맨 끝의 두 값은 일련번호를 나타내는 시리얼 ID로 사용하는 것이 일반적이다. 이런 구성에서 상상할 수 있듯이 원래는 모든 네트워크 하드웨어에서 MAC 주소가 달라야 하지만, 실제로는 MAC 주소를 자유롭게 바꿀 수 있는 제품도 있기 때문에 개체별로 반드시 유일한 주소가 사용된다는 보장은 없다.

MAC 주소를 사용한 정보 전송

이더넷과 같은 네트워크 하드웨어는 통신 상대를 특정하기 위해 MAC 주소를 사용한다. 예전 이더넷(10BASE-2, 10BASE-5 등)의 경우 한 줄의 동축 케이블에 여러 대의 컴퓨터를 연결하고, 그곳에 목적지를 나타내는 MAC 주소를 붙인 이더넷 프레임을 보냈다. 그러면 각 컴퓨터가 수신하여 자신의 MAC 주소 앞으로 온 것일 경우 그것을 처리했다. 한편 현재 주류인 이더넷(100BASE-TX, 1000BASE-T 등)은 LAN 케이블로, 허브/스위치에 각 컴퓨터를 연결하여 사용한다. 이 형태의 경우, 허브/스위치가 어떤 포트에 어떤 MAC 주소를 갖고 있는 컴퓨터가 연결되어 있는지를 기억하고 있다. 허브/스위치에 이더넷 프레임이 도달하면 먼저 MAC 주소를 조사한다. 그 다음 기억하고 있는 대응 정보(MAC 주소 테이블)로부터 해당 MAC 주소를 갖고 있는 기기가 연결되어 있는 포트를 특정한다. 그리고 그 포트에 이더넷 프레임을 송출한다.

플러스 1　허브/스위치의 경우 데이터의 수신 MAC 주소가 MAC 주소 테이블에 등록되어 있지 않으면 수신 포트 이외의 모든 포트로 데이터를 송출한다. 이것을 플러딩이라고 한다.

● MAC 주소의 구성(전형적인 예)

AA-BB-CC-DD-EE-FF

제조업체 ID | 기종 ID | 시리얼 ID

제조업체 ID는 제조업체에 할당되는 번호다

기종 ID로 기종을 구분하고, 그 기종 안에서 순서대로 시리얼 ID를 할당하도록 되어 있다

● 예전 이더넷의 MAC 주소 사용법

모두에게 동일한 데이터를 보내서 MAC 주소가 자기 앞으로 온 경우에만 수신하고, 그렇지 않은 경우는 패스하는 원리로 데이터를 전달한다.

목적지:
AA-BB-CC-DD-EE-11

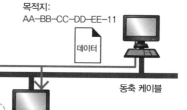

데이터

동축 케이블

수신
AA-BB-CC-DD-EE-11

패스
AA-BB-CC-DD-EE-22

패스
AA-BB-CC-DD-EE-33

● 현재 이더넷의 MAC 주소 사용법

어떤 포트에 어떤 MAC 주소의 기기가 연결되어 있는지를 기억해 두고 해당 기기에만 보낸다.

MAC 주소 테이블

포트 1	AA-BB-CC-DD-EE-11
포트 3	AA-BB-CC-DD-EE-22
포트 3	AA-BB-CC-DD-EE-33
포트 4	AA-BB-CC-DD-EE-44

참조

목적지: AA-BB-CC-DD-EE-11

데이터

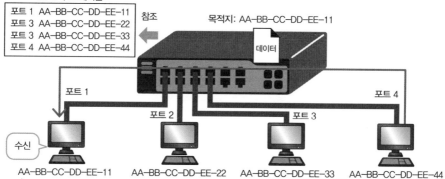

포트 1

포트 2

포트 3

포트 4

수신
AA-BB-CC-DD-EE-11

AA-BB-CC-DD-EE-22

AA-BB-CC-DD-EE-33

AA-BB-CC-DD-EE-44

관련
용어 ARP P.80 │ MAC 주소 테이블 P.100 │ 이더넷 P.98 │ 허브/스위치 P.68

02 ARP가 필요한 이유

ARP가 사용되는 곳

이더넷 하드웨어끼리는 MAC 주소를 사용하여 통신 상대를 지정하지만, TCP/IP 통신에서는 통신 상대를 지정할 때 IP 주소를 사용한다. 그래서 이 둘을 대응시킬 장치가 필요하다. IP 패킷을 상대에게 전달하기 위해 컴퓨터는 IP 주소 중 네트워크 주소를 보고 전송처를 결정한다. 이때 전송처 네트워크 주소가 자신과 똑같다면 그 상대는 자신과 똑같은 네트워크에 있으며 이더넷 등으로 물리적으로 연결되어 있다고 판단한다. 이렇게 판단을 했다면 컴퓨터는 IP 주소로부터 MAC 주소를 도출한다. 또, 상대가 다른 네트워크에 있는 경우는 해당 IP 패킷을 다음 라우터에게 전달해야 한다. 이때는 라우터의 IP 주소로부터 라우터의 MAC 주소를 구할 필요가 있다. 이런 동작에 ARP(Address Resolution Protocol)라는 프로토콜이 사용된다. ARP를 사용해 IP 주소에서 MAC 주소를 구한다. 그 후, 컴퓨터는 해당 MAC 주소를 목적지로 지정한 이더넷 프레임을 사용하여 IP 패킷을 상대 컴퓨터에 보낸다.

ARP의 동작 개요

ARP에는 브로드캐스트(2-14 참조)가 사용된다. IP 주소로부터 MAC 주소를 구하고 싶은 컴퓨터는 네트워크에 대해, 'IP 주소 xxx.xxx.xxx.xxx를 사용하고 있는 컴퓨터가 없는지?'라는 문의를 브로드캐스트한다. 이를 ARP 요청이라고 한다. 브로드캐스트이므로 ARP 요청은 물리적으로 연결되어 있는 모든 컴퓨터에 전달된다. 각 컴퓨터는 그것을 자신의 IP 주소와 비교하여 다르다면 무시한다. 한편 똑같은 IP 주소를 사용하고 있는 컴퓨터는 자신이 사용하고 있다고 응답한다. 이를 ARP 응답이라고 한다. ARP 응답은 ARP 요청을 발신한 컴퓨터에 직접 반송된다. 이 응답의 발신지 주소에는 자신의 MAC 주소가 들어 있기 때문에 상대는 응답한 컴퓨터의 MAC 주소를 알 수 있는 것이다.

● 네트워크 주소가 동일한 컴퓨터에게 IP 패킷을 보낼 때

IP 주소   : 192.168.1.128
넷마스크   : 255.255.255.0
네트워크 주소 : 192.168.1.0

IP 주소   : 192.168.1.23
넷마스크   : 255.255.255.0
네트워크 주소 : 192.168.1.0

192.168.1.23에게
데이터를 보내고 싶다

IP 패킷을 보내고 싶은 상대와 자신의 네트워크 주소가 똑같으면 상대가 물리적으로 동일한 네트워크에 연결되어 있다고 판단한다

➡ ARP를 사용해 MAC 주소를 조사하고 해당하는 MAC 주소 앞으로 이더넷 프레임을 직접 보내서 전달한다

● ARP 동작 이미지

① 알고 싶은 IP 주소를 포함한 ARP 요청을 브로드캐스트

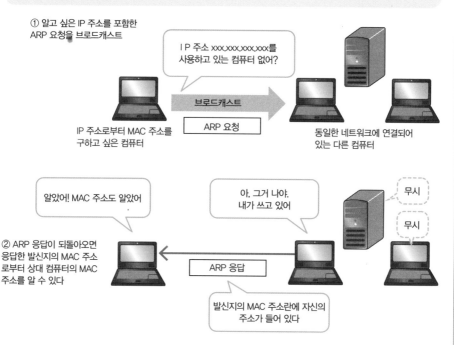

IP 주소 xxx.xxx.xxx.xxx를 사용하고 있는 컴퓨터 없어?

브로드캐스트

ARP 요청

IP 주소로부터 MAC 주소를 구하고 싶은 컴퓨터

동일한 네트워크에 연결되어 있는 다른 컴퓨터

알았어! MAC 주소도 알았어

아, 그거 나야.
내가 쓰고 있어

무시

무시

② ARP 응답이 되돌아오면 응답한 발신지의 MAC 주소로부터 상대 컴퓨터의 MAC 주소를 알 수 있다

ARP 응답

발신지의 MAC 주소란에 자신의 주소가 들어 있다

3
T
C
P
/
I
P
통
신
원
리

관련
용어   IP 주소 P.56 │ MAC 주소 P.78 │ 네트워크 인터페이스 계층 P.44 │ 브로드캐스트 P.66

03 가변 길이 서브넷 마스크와 CIDR

가변 길이 서브넷 마스크

2-13에서 모든 서브넷에 대해 네트워크부의 길이, 즉 서브넷 마스크를 동일하게 만든 예시를 소개했다. 이 서브넷 마스크는 사실 서브넷별로 길이를 바꿀 수 있다. 이 기술을 가변 길이 서브넷 마스크(VLSM: Variable Length Subnet Masking)라고 한다. 이를 사용하면 연결할 컴퓨터의 기기 수를 서브넷별로 유연하게 정할 수 있다. 예를 들어 192.168.1.0/24(서브넷 마스크가 24비트인) IP 주소를 사용하여 세 개의 서브넷을 만드는 경우, 가변 길이 서브넷 마스크를 사용하면 서브넷 마스크의 길이를 25비트와 26비트로 함으로써 최대 126대, 62대, 62대를 연결할 수 있는 세 개의 서브넷을 만들 수 있다(오른쪽 그림 참고).

CIDR

CIDR(Classless Inter-Domain Routing)은 가변 길이 서브넷 마스크를 베이스로 하는 기술로, 기능 면에서 가변 길이 서브넷 마스크와 매우 비슷하지만 원래는 조금 다르게 사용했던 기술이다. 라우터가 오른쪽 페이지의 그림(아래쪽)처럼 연결되어 있다고 하자. 이것을 라우터 B에서 본 경우 라우터 A 끝에 있는 세 개의 네트워크에 대해 개별적으로 전송 규칙을 정하는 것보다, 세 개를 하나로 묶어 하나의 규칙을 정하는 편이 더 간단하다. 세 개의 네트워크 주소를 비트열로 보면 왼쪽부터 22비트까지가 공통적이고 남은 2비트만 다르다는 것을 알 수 있다. 이와 같은 경우, 라우터 B가 공통적인 22비트까지를 네트워크부로 간주하여 라우터 A에게 전송하면 일이 간단해진다. 이처럼, IP 주소의 클래스와 관계없이 네트워크부를 짧게 간주함으로써 여러 네트워크에 대한 전송을 하나의 전송 규칙으로 해결되게 하는 기술이 본래의 CIDR이다. 지금은 이 외에도 IP 주소의 클래스에 구애받지 않고 네트워크부의 길이(프리픽스 길이)를 자유롭게 설정하는 것을 CIDR이라고 부르는 경우가 많다. 또, IP 주소 뒤에 '/'와 서브넷 마스크의 비트 수(프리픽스 길이)를 쓰는 표기 방법을 CIDR 표기법이라고 부른다.

플러스 1 ⟩ CIDR 표기법은 IP 주소뿐만 아니라 네트워크 주소에도 사용할 수 있다.

● 가변 길이 서브넷 마스크란?

서브넷 기능을 이용하면 하나의 네트워크를 여러 개의 서브넷으로 분할할 수 있지만…

이 세 개의 서브넷을 만들고 싶어!

100대
50대
50대

고정 길이 서브넷 마스크의 경우 각 서브넷에서 사용할 수 있는 컴퓨터의 수가 똑같기 때문에 각각에 필요한 컴퓨터 기기 수가 크게 달라지는 경우 낭비나 부족이 발생한다

가변 길이 서브넷 마스크를 사용하면 서브넷별로 컴퓨터 기기 수를 다르게 할 수 있다.

서브넷 마스크를 각각 다른 값으로 설정한 예(/26 등의 의미는 CIDR 표기법 설명을 참고)

서브넷 1	192.168.1.128 /25	192.168.1.0~192.168.1.127	최대 126대
서브넷 2	192.168.1.128 /26	192.168.1.128~192.168.1.191	최대 62대
서브넷 3	192.168.1.128 /26	192.168.1.192~192.168.1.255	최대 62대

필요한 수에 가까운 형태로 할당할 수 있다

최대 연결 기기 수는 '호스트부로 나타낼 수 있는 기기 수 − 2'로 계산할 수 있다. 또는 '2의 (32−프리픽스 길이) 제곱 − 2'로 계산해도 된다. 또 2를 빼는 이유는 호스트부가 전부 0이거나 전부 1인 주소는 특별한 목적으로 사용하므로 컴퓨터에 할당할 수 없기 때문이다

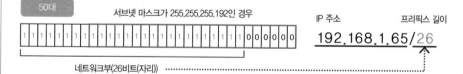

50대

서브넷 마스크가 255.255.255.192인 경우

1 1 1 1 1 1 1 1 1 1 1 1 1 1 1 1 1 1 1 1 1 1 1 1 1 1 0 0 0 0 0 0

네트워크부(26비트(자리))

IP 주소 | 프리픽스 길이
192.168.1.65/26

● 가변 길이 서브넷 마스크란?

네트워크부를 짧게 간주함으로써 여러 개의 네트워크에 대한 전송 규칙을 하나로 묶는 기술이다.

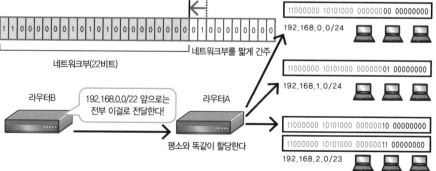

1 1 0 0 0 0 0 0 1 0 1 0 1 0 0 0 0 0 0 0 0 0 0 0 0 1 0 0 0 0 0 0

네트워크부(22비트)

네트워크부를 짧게 간주

11000000 10101000 00000000 00000000
192.168.0.0/24

11000000 10101000 00000001 00000000
192.168.1.0/24

11000000 10101000 00000010 00000000

11000000 10101000 00000011 00000000
192.168.2.0/23

라우터B

192.168.0.0/22 앞으로는 전부 이걸로 전달한다!

라우터A

평소와 똑같이 할당한다

IP 주소의 클래스 P.62 | 서브넷 구성 P.172 | 서브넷 마스크 P.64

3

T C P / I P 통 신 원 리

04 도메인명

▣ 도메인명의 개요

IP 주소는 숫자로만 나열되기 때문에 사람이 기억하기 어렵다. 그래서 사람이 기억하기 쉽도록 네트워크 상의 컴퓨터에는 도메인명이라는 이름을 붙여 사용한다. 인터넷의 도메인명은 전세계적으로 중복되지 않도록 ICANN이라는 기관이 관리하고 있다. ICANN은 최상위 도메인(TLD: Top Level Domain)을 관리한다. TLD는 몇 개의 종류로 나눌 수 있는데, 그중 일반적으로 사용되는 것으로는 분야별 gTLD와 국가별 ccTLD가 있다. 그리고 각 TLD는 위임을 받은 관리 조직(레지스트리: Registry)이 실제로 관리와 운용을 하고 있다. 예를 들어 .com이나 .net은 Verisign이라는 미국 기업이 관리하고 있고 .kr은 한국인터넷정보센터(KRNIC)가 관리하고 있다. 레지스트리는 해당 TLD를 관리함과 동시에 그것을 위한 DNS(5-08 참조)를 운용한다. 도메인을 이용하고 싶은 사람의 창구가 되는 것은 레지스트라(Registra: 도메인 등록 대행 기관)다. 레지스트라는 레지스트리와 계약하여 도메인을 등록하고 싶은 사람으로부터 등록이나 변경 신청을 접수 받는다. 또, 이 레지스트라와 계약한 리셀러라는 조직도 많이 있으며 이 역시도 도메인을 등록하고 싶은 사람으로부터 등록이나 변경 신청을 접수 받는다.

▣ 각종 도메인

2000년 무렵부터 .info, .biz, .name과 같은 새로운 gTLD가 이용되기 시작한 이후로, 특정 업계용 gTLD(sTLD) 등이 추가되었다. 더욱이 지역명을 붙인 gTLD나 기업명의 등록도 가능해지면서 gTLD의 수가 급격히 증가했다. .kr 도메인의 경우 현재 범용 KR 도메인(.kr) 외에도 속성형 KR 도메인, 한글 도메인(.한국)이 사용되고 있다. 범용 KR 도메인의 경우 영문.kr 외에도 한글.kr처럼 도메인명에 한글을 사용할 수 있다. .한국 도메인의 경우는 도메인명에 반드시 한글이 한 글자 이상 들어가야 한다.

도메인명 등록 흐름

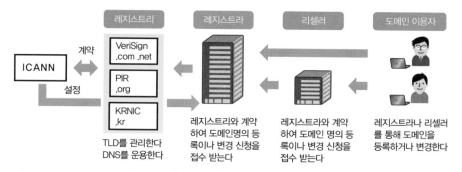

| 레지스트리 | 레지스트라 | 리셀러 | 도메인 이용자 |

ICANN
계약
설정

VeriSign
.com .net

PIR
.org

KRNIC
.kr

TLD를 관리한다
DNS를 운용한다

레지스트리와 계약
하여 도메인명의 등
록이나 변경 신청을
접수 받는다

레지스트라와 계약
하여 도메인 명의 등
록이나 변경 신청을
접수 받는다

레지스트라나 리셀러
를 통해 도메인을
등록하거나 변경한다

도메인명의 구조

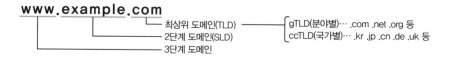

www.example.com

최상위 도메인(TLD) ──── gTLD(분야별)… .com .net .org 등
2단계 도메인(SLD) ───── ccTLD(국가별)… .kr .jp .cn .de .uk 등
3단계 도메인

각종 도메인

주요 gTLD

.com	상업 거래용	예전부터 있던 것으로 누구나 사용 가능
.net	네트워크 제공자	
.org	그 외 조직	
.edu	교육 기간	예전부터 있던 것으로 특별한 용도로 사용
.gov	미국 정부	
.mil	미군	
.int	국제 기관	
.info	정보 사이트	2000년 무렵에 사용되기 시작한 것으로 누구나 사용 가능
.biz	비즈니스	
.name	개인 이름	
.aero	항공 업계	2000년 무렵에 사용되기 시작한 것으로 특정 업계용
.museum	박물관, 미술관	
.coop	생협	
.pro	전문가	
.google	회사명	기업 등이 등록한 것
.yahoo	회사명	

.kr 도메인

범용 KR 도메인	임의 문자열.kr 영문 외에 한글도 사용할 수 있다
.한국 도메인	도메인명에 한글을 한 글자 이상 포함해야 한다.
속성형 KR 도메인	.co.kr…한국 국내에 등록된 회사 .or.kr…재단법인, 사단법인, 협동조합 등 비영리 단체 .ne.kr…국내 제공자의 의한 네트워크 서비스 .ac.kr…고등교육기관 .re.kr…연구기관 .go.kr…정부 기관, 독립행정법인 등 .gr.kr…임의 단체 .seoul.kr…서울특별시 .busan.kr…부산광역시

관련
용어 DNS P.130 │ 도메인명의 취득 P.178

05　라우팅과 기본 게이트웨이

라우팅의 동작 이미지

라우터를 통한 패킷 전송을 '라우팅'이라고 한다. 라우팅은 무엇을 어디로 전송하면 좋을지 정해 놓은 전송 규칙에 따라 일어나는데, 이러한 전송 규칙을 정해 놓은 것이 바로 라우팅 테이블이다. 라우팅 테이블에는 '목적지 네트워크'와 '해당 네트워크에 대한 전송 방법'이 등록되어 있다.

라우터는 패킷을 받으면 목적지로 적혀 있는 IP 주소에 서브넷 마스크를 적용하여 네트워크 주소를 추출한다. 그리고 라우팅 테이블에서 해당 네트워크 주소에 관한 규칙을 찾는다. 규칙이 발견되면 그 규칙에 따라 전송한다. 이 전송 처리를 여러 라우터가 반복함으로써 패킷이 목적하는 컴퓨터까지 전달되는 것이다.

기본 게이트웨이

사실 이와 같은 라우팅의 원리는 라우터뿐만 아니라 컴퓨터에도 탑재되어 있지만, 사용할 때 거의 의식하지 못하는 편이다. 예외적으로, 기본 게이트웨이는 네트워크를 사용하는 대부분의 PC에 설정되어 있다. 기본 게이트웨이란 자신이 속한 네트워크 이외로 보내지는 패킷을 어디로 보내면 좋을지에 대한 정보를 갖고 있지 않을 때 패킷을 보내는 곳이다. 쉽게 말하자면 '보낼 곳을 모를 때 일단 보내보는 곳'이라고 할 수 있다. PC 입장에서 보면 패킷의 라우팅은 모두 라우터가 해 주므로, 보통은 해당 네트워크의 출입구가 되는 라우터를 기본 게이트웨이로 지정한다. 또, PC에 대한 기본 게이트웨이는 네트워크 설정의 일부로, 수동으로 설정하는 경우와 DHCP(3-08 참조)로 자동으로 설정하는 경우가 있다.

플러스 1　기본 게이트웨이가 설정되어 있지 않아도 동일한 네트워크 안의 컴퓨터와는 통신을 할 수 있다. 외부와는 통신을 하고 싶지 않은 경우에 일부러 설정하지 않기도 한다.

● **IP 패킷은 라우터의 중계로 전달된다**

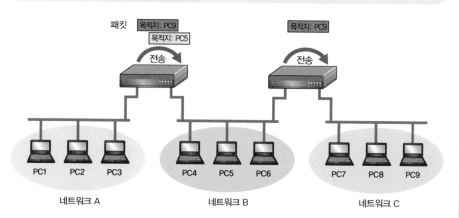

패킷 | 목적지: PC9 | 목적지: PC5 | 전송

목적지: PC9 | 전송

PC1 PC2 PC3
네트워크 A

PC4 PC5 PC6
네트워크 B

PC7 PC8 PC9
네트워크 C

● **라우팅은 라우팅 테이블에 따라 수행한다**

패킷의 목적지 IP 주소에 서브넷 마스크를 사용하여 네트워크 주소를
구한 후 라우팅 테이블과 비교하여 전송처를 정한다

라우팅 테이블
목적지: 네트워크 C →
②에서 라우터 Y로
목적지: 네트워크 B →
②에서 직접 배송
목적지: 네트워크 A →
①에서 직접 배송

라우팅 테이블
목적지: 네트워크 A →
①에서 라우터 X로
목적지: 네트워크 B →
①에서 직접 배송
목적지: 네트워크 C →
②에서 직접 배송

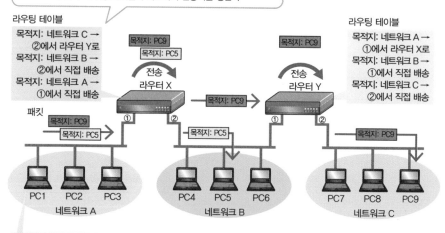

목적지: PC9 | 목적지: PC5 | 전송 | 라우터 X

목적지: PC9 | 전송 | 라우터 Y

목적지: PC9

패킷 | 목적지: PC9 | 목적지: PC5

목적지: PC5

목적지: PC9

① ② ① ②

PC1 PC2 PC3
네트워크 A

PC4 PC5 PC6
네트워크 B

PC7 PC8 PC9
네트워크 C

특별히 지정하지 않은 것
→ 라우터 X로

실제 라우팅 테이블에서는 네트워크
주소를 사용하여 네트워크를 지정한다

라우팅 테이블
보낼 곳을 모를 경우에 패킷을 전달하는 곳을
기본 게이트웨이 또는 디폴트 라우터라고 한다.
PC에는 일반적으로 반드시 설정되어 있다

06 정적 라우팅과 동적 라우팅

⬛ 네트워크 구성이 바뀌면 라우팅 테이블도 갱신이 필요하다

IP 네트워크에서는 패킷의 전송을 제어하는 라우팅 테이블이 매우 큰 역할을 한다. 라우팅 테이블은 한번 등록해 두면 끝나는 것이 아니고, 새로운 네트워크가 추가될 때처럼 네트워크 연결 상태가 바뀌었을 때 그 변경에 따라 관련된 각 라우터의 라우팅 테이블도 수정해야 한다.

⬛ 모두 수동으로 관리하는 정적 라우팅

그렇다면 라우팅 테이블을 어떻게 관리하면 좋을까? 한 가지 방법으로는 네트워크 구성이 변경될 때마다 관련된 라우터들의 라우팅 테이블을 수동으로 수정하는 방법이 있다. 수동으로 수정하지 않는 한 라우팅 테이블의 내용이 바뀌지 않는 스타일을 정적 라우팅(Static Routing)이라고 한다. 정적 라우팅은 네트워크 전체의 규모가 아주 작을 때나 구성이 거의 변경되지 않을 때 편리한 방법이다. 하지만 네트워크 구성이 변경된 경우, 변경의 영향을 받는 라우터를 찾아내 필요한 전송 규칙을 실수나 누락 없이 등록할 필요가 있다. 이 일은 상당히 번거로운 일이다.

⬛ 라우터끼리 규칙 정보를 서로 교환하는 동적 라우팅

다른 방법으로는 네트워크의 연결 루트에 관한 정보를 라우터끼리 정기적으로 또는 필요할 때마다 서로 교환하여, 이를 바탕으로 라우팅 테이블을 자동 관리하는 동적 라우팅(Dynamic Routing)이 있다. 예를 들어 새로운 네트워크가 연결되면 그 네트워크의 입구가 되는 라우터가 인접한 각 라우터들에게 새로운 네트워크 정보를 전달한다. 그 정보를 수신한 라우터는 필요에 따라 새로운 루트 정보를 자신의 인접 라우터에 전달한다. 이와 같은 방식으로 새로 연결된 네트워크의 정보를 자동으로 확산하여 각 라우터가 그에 필요한 규칙(경로 정보)을 라우팅 테이블에 설정하는 것이다.

● 라우팅 테이블은 누가 관리하지?

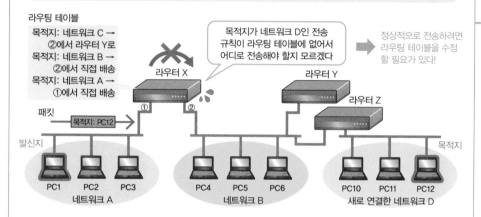

라우팅 테이블의 관리 방법에는 크게 두 가지가 있다.

정적 라우팅	동적 라우팅
라우팅 테이블이 고정되어 있다. 네트워크 구성이 바뀌면 수동으로 라우팅 테이블을 변경한다	라우팅 테이블이 동적으로 바뀐다. 네트워크 구성의 변경이 자동으로 라우팅 테이블에 반영된다

● 동적 라우팅의 작동 이미지

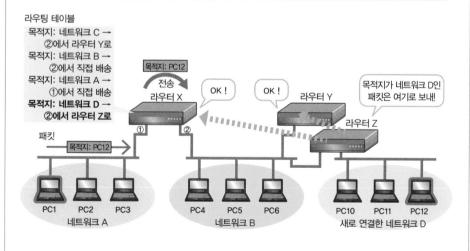

관련
용어   라우팅 P.86 │ 라우팅 프로토콜 P.90

07 라우팅 프로토콜

▓ 라우팅 프로토콜이란?

라우팅 테이블을 동적으로 바꿔 쓰는 동적 라우팅에서 사용하는 프로토콜을 라우팅 프로토콜이라고 한다. 라우팅 프로토콜의 기능으로는 (1)라우터끼리 경로 정보를 교환한다, (2)수집한 경로 정보로부터 최적의 경로를 찾아낸다 등이 있다. 여기서 나오는 '최적의 경로'란 동일한 네트워크에 도착하는 데 여러 경로가 있을 때의 가장 적절한 경로를 의미한다. 이것은 복잡한 네트워크에서 발생하는 문제로, 최적의 경로 선택은 라우팅 프로토콜에 있어 중요한 문제 중 하나이다. 라우팅 프로토콜에는 크게 IGP(Interior Gateway Protocol)와 EGP(Exterior Gateway Protocol)가 있다. 정해진 단일 방침에 따라 라우팅을 수행하는 제공자나 대기업 정도의 대규모 네트워크를 AS(Autonomous System: 자율 시스템)라고 한다. IGP는 이 AS 안의 라우팅에 이용하고, EGP는 주요 AS 사이의 라우팅에 이용한다.

▓ IGP와 EGP의 종류

AS 안에서 경로 정보를 주고받는 데 사용하는 IGP에는 RIP/RIP2(Routing Information Protocol), OSPF(Open Shortest Path First) 등이 있다. RIP/RIP2는 소규모 네트워크에서 사용하는 것으로, 도입이나 운용이 간단하다는 장점이 있는 반면 변경이 반영되는 데 시간이 걸리거나, 경로를 선택할 때 통신 속도 등을 고려하지 않는다는 단점이 있다. OSPF는 RIP/RIP2가 갖고 있는 단점이 해결된 것으로, 주로 중규모 이상의 네트워크에서 사용하며 더욱 많은 기능을 갖고 있다. 대신 도입이나 운용에 수고가 들고, 저가 기기에서는 지원하지 않기도 한다. AS끼리 경로 정보를 주고받을 때 사용하는 대표적인 EGP로는 BGP(Border Gateway Protocol)가 있다. BGP는 도중에 통과하는 AS 목록을 비롯하여 몇 가지 정보를 바탕으로 어떤 네트워크에 도달할 때까지의 최적의 경로를 선택한다.

플러스 1 ▶ 인터넷에서 항상 전세계의 사람들과 통신할 수 있는 이유는 BGP를 사용해 지구 규모의 라우팅이 정상적으로 유지되고 있기 때문이다.

● 최적의 경로 선택이 필요한 이유

어떤 네트워크까지의 경로가 여러 개 있는 경우 최적의 경로를 선택하는 것도 라우팅 프로토콜의 기능 중 하나이다.

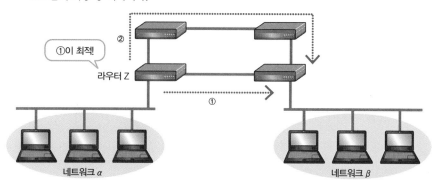

● 최적의 경로를 선택하려면?

(1) 단순히 통과하는 라우터의 수가 적은 쪽을 선택한다……RIP/RIP2 등
(2) 도중에 통과하는 네트워크의 속도 등도 고려하여 선택한다……OSPF

● AS 내부에서는 IGP로, AS끼리는 EGP로 경로 정보를 교환한다

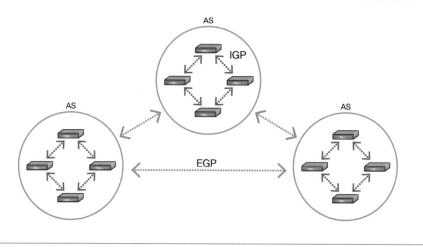

관련
용어   동적 라우팅 P.88 | 라우팅 P.86 | 라우팅 테이블 P.86

3

TCP/IP 통신 원리

08 DHCP

▓ DHCP는 자동으로 네트워크 설정을 수행하는 장치

DHCP(Dynamic Host Configuration Protocol)는 네트워크에 연결된 컴퓨터에 대해 필요한 네트워크 설정 정보를 자동으로 배포하기 위한 장치이다. 이를 사용하려면 컴퓨터에 DHCP 클라이언트 기능이 탑재되어 있고, 네트워크에 DHCP 서버가 설치되어 있어야한다. DHCP에서 설정할 수 있는 주요 정보로는 컴퓨터의 IP 주소, 서브넷 마스크, 기본 게이트웨이, DNS 서버의 IP 주소 등이 있는데, 컴퓨터를 네트워크에 연결하는 데 필요한 정보를 거의 대부분 포함하고 있다. 또 소규모 사무실이나 가정에서 사용하는 대부분의 라우터는 DHCP 서버 기능을 갖추고 있기 때문에 일부러 DHCP 서버를 마련하지 않아도 DHCP를 사용한 자동 네트워크 설정을 이용할 수 있다.

▓ DHCP의 동작 흐름

DHCP는 컴퓨터에 아직 IP 주소 등과 같은 네트워크 설정이 없는 시점에 사용하기 때문에 IP 주소를 지정하여 사용하는 일반적인 통신은 이용할 수 없다. 이때는 브로드캐스트를 사용하여 DHCP 서버와 정보를 주고받는다. DHCP 클라이언트는 먼저 네트워크에 대해 'DHCP Discover' 메시지를 브로드캐스트한다. 이것은 네트워크에 있는 DHCP 서버에 대해 IP 주소 할당을 요청하는 것이다. 이를 수신한 DHCP 서버는 설정 정보 후보를 정해 'DHCP Offer' 메시지를 반송한다. 이 반송을 할 때는 보통 직전의 브로드캐스트에 포함되어 있던 DHCP 클라이언트의 MAC 주소를 추출하여 그에 대해 일대일 통신을 한다. 설정 정보를 수취한 DHCP 클라이언트는 받은 후보의 내용을 확인하고 'DHCP Request' 메시지를 브로드캐스트하여 그것을 사용한다는 것을 DHCP 서버에 전달한다. 이를 수취한 DHCP 서버는 할당이 확정되었다고 판단하고, 할당 상황을 기록함과 동시에 'DHCP ACK' 메시지를 클라이언트에게 반송한다.

플러스 1　DHCP의 통신 절차에서 클라이언트가 DHCP 요청을 브로드캐스트하는 이유는 네트워크에 여러 개의 DHCP 서버가 있는 경우를 고려하고 있기 때문이다.

● DHCP가 있으면 네트워크 설정을 자동화할 수 있다

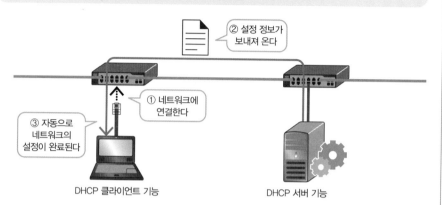

② 설정 정보가
보내져 온다

① 네트워크에
연결한다

③ 자동으로
네트워크의
설정이 완료된다

DHCP 클라이언트 기능

DHCP 서버 기능

● DHCP 서버와 DHCP 클라이언트의 대화로 설정이 완료된다

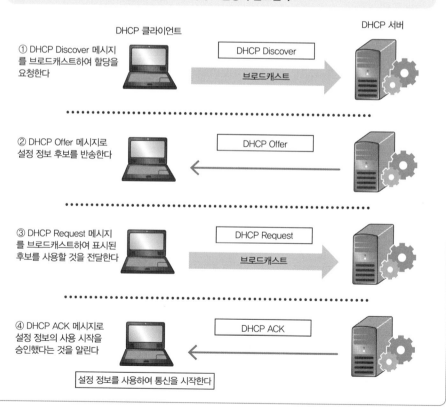

DHCP 클라이언트

DHCP 서버

① DHCP Discover 메시지
를 브로드캐스트하여 할당을
요청한다

DHCP Discover

브로드캐스트

② DHCP Offer 메시지로
설정 정보 후보를 반송한다

DHCP Offer

③ DHCP Request 메시지
를 브로드캐스트하여 표시된
후보를 사용할 것을 전달한다

DHCP Request

브로드캐스트

④ DHCP ACK 메시지로
설정 정보의 사용 시작을
승인했다는 것을 알린다

DHCP ACK

설정 정보를 사용하여 통신을 시작한다

관련
용어   DNS 서버 P.178 │ 기본 게이트웨이 P.86 │ 브로드캐스트 P.66 │ 서브넷 마스크 P.64 │ 프라이빗 IP 주소 P.60

09 NAT와 NAPT

주소 변환의 필요성

사무실이나 가정의 네트워크에서 프라이빗 IP 주소를 사용하는 경우에는 인터넷 연결을 고려해야 한다. 인터넷에 연결하는 컴퓨터는 자기 자신을 나타내는 IP 주소로 전세계에서 유일무이한 글로벌 IP 주소를 사용해야 하기 때문이다. 이럴 때는 주소 변환이라는 방법을 사용하여 인터넷과 통신할 수 있도록 한다. 주소 변환에는 크게 NAT와 NAPT라는 방법이 있으며, 보통은 인터넷과의 경계점이 되는 라우터가 이 작업을 수행한다.

NAT의 동작

NAT(Network Address Translation)는 몇 개의 글로벌 IP 주소를 라우터에 할당해 두고, LAN 내부의 컴퓨터가 인터넷에 액세스할 때 그중 하나를 사용하여 통신하는 방법이다. LAN 내부에서 인터넷으로 IP 패킷을 전송할 때는 프라이빗 IP 주소를 글로벌 IP 주소로 바꿔 준다. 이 방법의 경우 인터넷에 동시에 액세스할 수 있는 컴퓨터 기기 수는 라우터가 갖고 있는 글로벌 IP 주소의 수로 제한된다.

NAPT의 동작

NAPT(Network Address Port Translation)는 IP 주소를 변환하면서 동시에 포트 번호도 변환함으로써 하나의 글로벌 IP 주소를 여러 컴퓨터가 공동으로 사용 가능하게 하는 기술이다. 일반 가정이나 소규모 사무실에서 인터넷을 이용할 때 주로 사용한다. TCP/IP와 같은 통신에서는 패킷 안에 상대의 IP 주소, 포트 번호 외에 자신의 IP 주소와 포트 번호가 들어가 있다. 인터넷으로 송출할 때 자신의 IP 주소와 포트 번호를 조합한 것을, 라우터의 글로벌 IP 주소와 라우터가 관리하는 포트 번호의 조합으로 변환한다. 이로써 라우터가 하나의 글로벌 IP 주소만 갖고 있는 경우라도 LAN 내부에 있는 여러 컴퓨터가 동시에 인터넷의 컴퓨터와 통신할 수 있게 되는 것이다.

● NAT의 동작 이미지

프라이빗 IP 주소와 라우터가 갖고 있는 글로벌 IP 주소를 일대일로 대응시킨다.
글로벌 IP 주소를 다 사용하면 그 이상은 연결할 수 없다.

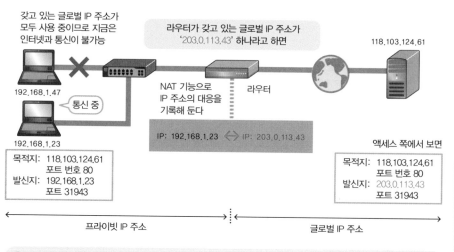

갖고 있는 글로벌 IP 주소가
모두 사용 중이므로 지금은
인터넷과 통신이 불가능

192.168.1.47

통신 중

192.168.1.23

목적지:	118.103.124.61
	포트 번호 80
발신지:	192.168.1.23
	포트 31943

라우터가 갖고 있는 글로벌 IP 주소가
'203.0.113.43' 하나라고 하면

NAT 기능으로
IP 주소의 대응을
기록해 둔다

라우터

IP: 192.168.1.23 ⟷ IP: 203.0.113.43

118.103.124.61

액세스 쪽에서 보면

목적지:	118.103.124.61
	포트 번호 80
발신지:	203.0.113.43
	포트 31943

← 프라이빗 IP 주소 → ← 글로벌 IP 주소 →

● NAPT의 동작 이미지

포트 번호를 이용해서 다수의 프라이빗 IP 주소와 하나의 글로벌 IP 주소를 대응시킨다.

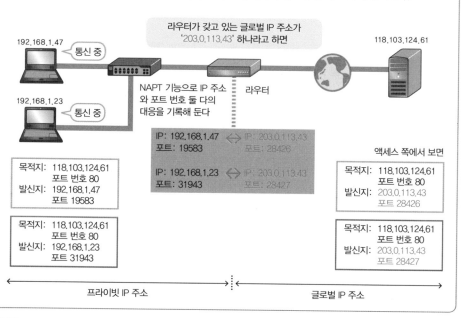

192.168.1.47

통신 중

192.168.1.23

통신 중

NAPT 기능으로 IP 주소
와 포트 번호 둘 다의
대응을 기록해 둔다

라우터

라우터가 갖고 있는 글로벌 IP 주소가
'203.0.113.43' 하나라고 하면

118.103.124.61

IP: 192.168.1.47 ⟷ IP: 203.0.113.43
포트: 19583   포트: 28426

IP: 192.168.1.23 ⟷ IP: 203.0.113.43
포트: 31943   포트: 28427

목적지:	118.103.124.61
	포트 번호 80
발신지:	192.168.1.47
	포트 19583

목적지:	118.103.124.61
	포트 번호 80
발신지:	192.168.1.23
	포트 31943

액세스 쪽에서 보면

목적지:	118.103.124.61
	포트 번호 80
발신지:	203.0.113.43
	포트 28426

목적지:	118.103.124.61
	포트 번호 80
발신지:	203.0.113.43
	포트 28427

← 프라이빗 IP 주소 → ← 글로벌 IP 주소 →

3

T C P / I P 통 신 원 리

관련
용어
글로벌 IP 주소 P.60 | 포트 번호 P.58 | 프라이빗 IP 주소 P.60

TCP/IP의 동작 확인에 사용하는 편리한 각종 명령들

TCP/IP와 관련된 설정이 컴퓨터에 제대로 반영되어 있는지 아닌지는 컴퓨터에 내장된 명령으로 확인할 수 있다. Windows는 명령 프롬프트에서, Linux는 쉘에서 각 명령을 실행한다.

'ping' 명령은 지정한 컴퓨터까지 IP로 통신할 수 있는지 확인하는 명령이다. 지정한 컴퓨터에 ICMP ECHO 요청을 보내 ICMP ECHO 응답이 되돌아오는 경우는 왕복 소요 시간을 표시하고, 오류가 발생하는 경우는 해당 오류를 표시한다. 원인으로는 오류가 발생한 경우, 네트워크 인터페이스가 작동하지 않는 경우, 케이블이 물리적으로 단선된 경우, 허브나 스위치가 작동하지 않는 경우, 라우터가 작동하지 않는 경우, 라우팅 테이블 이상이 있는 경우 등을 생각할 수 있다.

'nslookup' 명령과 'dig' 명령은 DNS에게 이름 해결(5-08 참조)을 시켜 DNS가 올바르게 작동하는지를 확인하는 명령이다. 도메인명을 부여하는 경우는 IP 주소가, IP 주소를 부여하는 경우는 도메인명이 각각 반환되어 온다. 원인으로는 이름 해결이 정상적으로 작동하지 않는 경우, DNS 서버의 지정이 잘못된 경우, DNS 서버까지 IP로 통신할 수 없는 경우, DNS 서버가 미설정 또는 이상한 경우 등을 생각할 수 있다.

확인할 항목	Windows 명령	Linux 명령
지정한 컴퓨터와 IP로 통신 가능한가	ping 컴퓨터명	ping 컴퓨터명
이름 해결이 올바르게 작동하는가	nslookup 컴퓨터명	dig 컴퓨터명(*1)
		dig -x IP 주소
		nslookup 컴퓨터명
지정한 컴퓨터까지 경유하는 라우터	tracert 컴퓨터명	traceroute 컴퓨터명
IP 주소나 MAC 주소의 값	ipconfig/all	ip a
		ifconfig -a
라우팅 테이블의 설정 상황	route print	ip r
		route

(*1) 이외의 컴퓨터 명에는 IP 주소를 지정해도 된다

네트워크 기기와 가상화

이 장에서는 네트워크에서 핵심적인 역할을
하는 기기에 초점을 맞춰 각각의 역할과 기능,
비슷한 다른 기기와의 관계를 설명한다. 또,
우리와 가까운 존재가 된 가상화 기술 분야도
다룬다.

01 이더넷의 기능과 구성

▓ 이더넷 규격의 개요

이더넷은 전세계적으로 폭넓게 이용하는 네트워크 규격(하드웨어와의 통신 방식)이다. 오늘날 컴퓨터에 탑재되어 있는 유선 네트워크 인터페이스는 거의 100% 이더넷이라고 봐도 무방하다.

이더넷에는 통신 속도와 통신 매체가 다른 여러 가지 규격이 있다. 대표적으로 10BASE-T, 100BASE-TX, 1000BASE-T, 10GBASE-T 등이 있는데, 'BASE' 왼쪽의 숫자는 Mbps나 Gbps(bps는 초당 비트를 의미)로 나타낸 통신 속도를 의미하고, 오른쪽 끝의 T나 TX는 구리로 된 연선(twisted pair wire: 두 줄의 선을 꼬아 만든 것)을 사용한다는 것을 의미한다.

이더넷으로 컴퓨터를 네트워크에 연결할 때는 컴퓨터의 LAN 포트와 허브/스위치의 포트를 LAN 케이블을 사용하여 일대일로 연결한다. 그러면 허브/스위치가 적절히 송신할 곳의 포트에 프레임을 전송해 준다. 허브/스위치의 포트에 다른 허브/스위치를 연결할 수도 있다. 이와 같이 허브/스위치를 여러 단으로 연결하는 것을 캐스케이드 연결이라고 한다. 또한, LAN 케이블에도 규격이 있는데 카테고리(CAT)라는 형태로 나타낸다.

▓ 이더넷의 전송 원리

이더넷에서는 정보를 프레임이라고 하는 작은 형태로 나눠 통신 신호나 광 신호로 변환하여 통신 매체에 보낸다. 이 프레임 형식에는 몇 가지 종류가 있는데, 그중 TCP/IP에서 사용하는 이더넷 Ⅱ(DIX 사양)에서는 하나의 이더넷 프레임에 최대 1,500바이트의 데이터를 포함시킬 수 있다. 1,500바이트 이상의 데이터는 이런 프레임을 여러 번 반복해서 보낸다.

예전 이더넷에서는 한 줄의 두꺼운 케이블에 여러 대의 컴퓨터를 연결한 후, 각각 다른 기기가 송신하지 않는 타이밍을 보며 이더넷 프레임을 케이블에 흘려보내는 식의 처리를 했었다. 하지만 현재는 컴퓨터와 허브/스위치를 일대일로 연결하는 것이 주류가 되어 이런 처리 방식이 등장할 기회가 거의 사라졌다.

● 이더넷으로 컴퓨터를 네트워크에 연결하려면

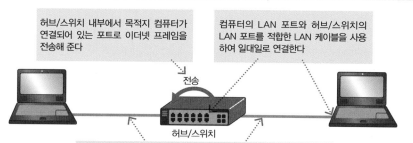

허브/스위치 내부에서 목적지 컴퓨터가
연결되어 있는 포트로 이더넷 프레임을
전송해 준다

컴퓨터의 LAN 포트와 허브/스위치의
LAN 포트를 적합한 LAN 케이블을 사용
하여 일대일로 연결한다

전송

허브/스위치

LAN 케이블은 통신 방향(허브/스위치→PC 및 그 반대)에 따라 다른
심선을 사용하기 때문에 송신과 수신을 동시에 할 수 있다(전이중)

이더넷의 규격과 적합 케이블

(※) 사용 케이블은 일반적으로 많이 사용되는 것을 나타낸다. 케이블 길이가 짧
다는 조건 하에서는 더 낮은 카테고리의 케이블을 사용할 수 있는 경우도 있다

규격명	통신 속도	사용 케이블(※)	케이블 한 줄 당 최대 길이
10BASE−T	10Mbps	카테고리 3 이상	100m
100BASE−TX	100 Mbps	카테고리 5 이상	100m
1000BASE−T	1,000 Mbps(=1Gbps)	카테고리 5e 이상	100m
2.5GBASE−T	2.5Gbps	카테고리 5e 이상	100m
5GBASE−T	5Gbps	카테고리 6 이상	100m
10GBASE−T	10Gbps	카테고리 6e 이상	100m

● 이더넷 II (DIX 사양)의 프레임 구성

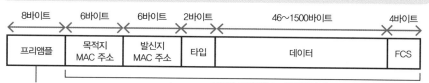

8바이트	6바이트	6바이트	2바이트	46~1500바이트	4바이트
프리앰블	목적지 MAC 주소	발신지 MAC 주소	타입	데이터	FCS

이더넷 프레임(64~1518바이트)

송신 시작을 나타내는 마크.
신호를 등기화하는 등의 목적
으로 하드웨어가 송출한다.
내용은 7개의 1010100b와
1개의 10101011b이다.
그 다음 이더넷 프레임이
시작된다

목적지 MAC 주소	목적지 네트워크 카드의 MAC 주소
발신지 MAC 주소	발신지 네트워크 카드의 MAC 주소
타입	데이터에서 사용되는 상위 프로토콜
데이터	보내고 싶은 데이터 자체
FCS	오류 검출을 위한 체크 코드

이더넷 II (DIX 사양) 이외에 IEEE 802.3이
라는 프레임 형식이 있는데 이것과는 구성
이 조금 다르다. 하지만 TCP/IP에서는
사용할 수 없으므로 여기서는 생략한다

'타입'의 값과 의미(일부 발췌)

0800h	IPv4	8100h	IEEE802.1Q
0806h	ARP	8137h	IPX
8035h	RARP	86DDh	IPv6
809Bh	AppleTalk	888Eh	IEEE802.1X

관련 용어 L2 스위치 P.100 | LAN 케이블 P.184 | MAC 주소 P.78 | 프레임 P.54

02 L2 스위치

▓ 스위치라는 호칭에 대해

일반적으로 허브, 스위치, L2 스위치는 거의 똑같은 의미로 사용한다. 구분해 보자면 이더넷을 사용한 연결이나 확장이라는 단순한 기능만 갖고 있는 것을 '허브', 각종 관리 기능이나 VLAN 기능 등을 갖고 있는 다기능 기기를 '스위치'라 부르는 경우가 많다. 4-03에서 소개할 L3 스위치를 구분하고 싶은 경우에는 L2 스위치나 이더넷 스위치라는 이름으로도 사용한다. 레이어 2에 해당하는 이더넷 프레임을 처리하기만 하는 스위치라는 것을 명시한 것이다.

▓ L2 스위치의 동작 개요

L2 스위치는 수신한 이더넷 프레임의 목적지 MAC 주소를 조사하여, 해당 MAC 주소를 갖고 있는 컴퓨터가 연결되어 있는 포트에 이더넷 프레임을 송출한다. 이것이 가능한 이유는 포트와 MAC 주소의 대응이 기록되고 있기 때문이다. 이를 위한 목록표를 MAC 주소 테이블이라고 한다.

MAC 주소 테이블은 어떤 포트에 연결되어 있는 컴퓨터가 이더넷 프레임을 L2 스위치로 보냈을 때 그곳에 포함되어 있는 발신지 MAC 주소와 포트 번호의 대응을 기록함으로써 만들어진다.

그런데 컴퓨터를 L2 스위치에 연결했더라도 아직 한 번도 이더넷 프레임을 송신하지 않았다면 컴퓨터의 MAC 주소가 MAC 주소 테이블에 등록되어 있지 않을 수도 있다. 미등록 컴퓨터로 가는 이더넷 프레임이 도착하면, L2 스위치는 프레임이 도달한 포트 이외의 모든 포트에게 그 프레임을 송출한다. 이 동작을 플러딩이라고 한다.

플러딩 후 프레임을 수취한 컴퓨터가 회신을 위해 이더넷 프레임을 L2 스위치에 송출하면, 그곳에 포함된 발신지 MAC 주소와 포트 번호가 MAC 주소 테이블에 등록되는 것이다. 이후부터는 해당 MAC 주소 앞으로 온 이더넷 프레임을 플러딩하지 않고 직접 포트로 전달할 수 있게 된다.

플러스 1   L2 스위치는 목적지 MAC 주소가 MAC 주소 테이블에 등록되어 있지 않은 경우 외에, 브로드캐스트나 멀티캐스트(2-14 참조)에 대해서도 플러딩을 한다.

● L2 스위치의 기본적인 동작

L2 스위치는 목적지 MAC 주소를 보고 해당 기기가 연결되어 있는 포트로 데이터를 전송한다.

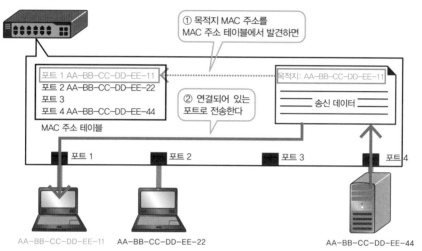

● MAC 주소 테이블에 없는 목적지라면 플러딩한다

목적지가 되는 기기의 연결 포트를 모를 때는 모든 포트에 데이터를 전송한다.

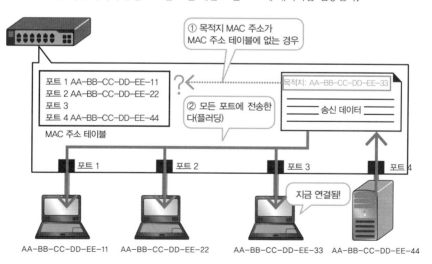

관련
용어   MAC 주소 P.78 │ L3 스위치 P.102 │ VLAN P.106 │ 이더넷 P.98 │ 허브/스위치 P.68

03 L3 스위치와 라우터

▌ L3 스위치의 개요

L3 스위치는 이름 그대로 레이어 3, 즉 IP 패킷을 처리하는 스위치를 말한다. IP 패킷을
처리하는 다른 기기로는 라우터가 있는데, 라우터와 L3 스위치는 기본적으로 동일한 처
리를 하는 것으로 생각해도 무방하다.

L3 스위치는 VLAN(4-05 참조)을 사용하여 하나의 스위치 안에 만든 가상 네트워크들을
연결하기 위해, L2 스위치에 라우터 기능을 넣은 형태로 만들어졌다. 그래서 L2 스위치
와 마찬가지로 보통 LAN 포트를 많이 갖고 있다. 한편 라우터는 일반적으로 LAN 포트
를 그다지 많이 갖고 있지 않지만, 항상 그런것은 아니다. 또한, 라우터는 소프트웨어 처
리 중심이고 L3 스위치는 하드웨어 처리 중심이라는 분류 방법도 있다. 하지만 최근에는
라우터에서도 하드웨어 처리를 하는 등 이 점에서도 둘의 차이가 별로 없다.

이 외에 L4 스위치라는 것도 있다. 이것은 레이어 4, 즉 TCP나 UDP에서 패킷을 할당하
는 기능을 갖고있다. 그중 부하분산을 목적으로 하는 것을 로드 밸런서라고 한다. 로드
밸런서에 대해서는 5-12를 참고하기 바란다.

▌ L3 스위치와 라우터의 수비 범위

L3 스위치는 LAN 포트를 많이 갖고 있기 때문에, 많은 단말기가 설치되는 네트워크 말
단에 가까운 부분에서도 쉽게 이용할 수 있다. 하지만 L3 스위치가 고장 날 경우, 라우팅
기능과 스위치 기능을 모두 잃어버리게 된다. 그래서 고장에 대비해 미리 검토하며 대책
을 세워둘 필요가 있다.

한편 LAN 포트를 그다지 많이 갖고 있지 않은 라우터는 그 성능이나 기능에 따라 네트
워크의 근간 부분에서 사용하거나, 스위치와 병용하여 네트워크 말단에 가까운 부분에서
사용한다. 라우터는 탑재되어 있는 WAN 회선 인터페이스의 종류가 많거나 풍부한 옵션
등을 선택할 수 있는 것이 많아, 특수한 WAN 회선을 이용하는 경우에 라우터는 필수불
가결하다고 할 수 있다.

● L3 스위치란?

L3 스위치는 라우터 기능을 내장한 스위치를 말한다.

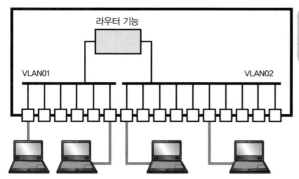

스위치 안에 만든 VLAN들을 연결하기 위해 스위치에 라우터 기능을 심어 넣은 것이 L3 스위치의 시작이다

4

네
트
워
크

기
기
와

가
상
화

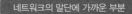

L2~L4 스위치의 데이터 할당 조건 차이

L2 스위치	이더넷의 MAC 주소를 보고 할당한다
L3 스위치	IP의 IP 주소를 보고 할당한다
L4 스위치	TCP나 UDP의 포트 번호를 보고 할당한다

● 라우터와 L3 스위치의 구분

네트워크의 말단에 가까운 부분

네트워크의 근간이나 WAN에 가까운 부분

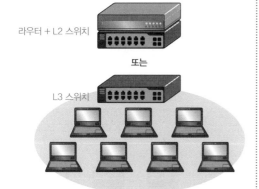

라우터 + L2 스위치

또는

L3 스위치

라우터

관련
용어 L2 스위치 P.100 ｜ VLAN P.106 ｜ WAN P.16 ｜ 라우터 P.70

04　무선 LAN

▇ 무선 LAN의 특징과 단점

무선 LAN은 LAN 케이블 대신에 무선을 사용하여 네트워크에 연결하는 기술이다. 무선 LAN은 주요 기능을 제공하는 (무선)액세스 포인트와 그것에 연결하는 (무선)클라이언트로 구성된다. 무선 클라이언트는 보통 노트북이나 스마트폰에 내장되어 있으며, 데스크 탑에서는 내장 또는 외장형으로 준비한다. 상호 연결성(기기들을 확실히 연결할 수 있는 것) 시험에 합격한 기기에는 Wi-Fi 인증이 부여된다.

전파를 사용하기 때문에 LAN 케이블을 사용하는 유선 LAN보다 안정성과 속도 면에서 뒤떨어진다. 하지만 케이블을 연결하지 않고 이용할 수 있으므로 전파가 도달하는 범위라면 자유롭게 이동할 수 있기 때문에 가정이나 사무실 또는 공공 장소 등에서 손쉽게 네트워크를 이용하고 싶을 때 많이 사용한다.

일반적으로 무선 LAN은 유선 LAN보다 보안이 취약하다고 한다. 물리적인 연결 없이 눈에 보이지 않는 전파로 연결되어 있기 때문이다. 이 단점을 보완하기 위해 기업 네트워크와 같이 외부 사람의 연결을 절대 허용하지 않는 용도로 IEEE 802.1X라 부르는 엄격한 인증을 사용하는 장치를 병용하고 있다.

▇ 무선 LAN의 방식

무선 LAN에는 통신 방식(속도, 사용 주파수대 등)의 차이에 따라 몇 가지 규격이 있다. 그중 현재 많이 사용하는 것으로는 IEEE 802.11n, IEEE 802.11ac, IEEE 802.11ax가 있다. 각 규격을 사용한 제품이 Wi-Fi 인증에 합격하면 각각 Wi-Fi4, Wi-Fi5, Wi-Fi6이라는 명칭을 사용할 수 있다. 무선 LAN에서는 보통 제삼자의 도청에 대비해 통신 내용을 암호화한다. 암호화와 관련된 오래된 규격인 WEP는 취약성이 많이 발견되었기 때문에 더 이상 사용하지 않는다. 최근에 사용하는 것은 WPA2, WPA3과 같은 규격으로, AES라는 강력한 암호 알고리즘을 같이 사용한다. 가장 권장되는 것은 WPA3이다.

무선 LAN의 원래 목적은 유선 연결 시 허브/스위치와 동등한 기능(브리지 기능)을 제공하는 것이다. 하지만 대부분의 무선 LAN 액세스 포인트는 라우터 기능도 내장하고 있어, 브리지 기능만 사용할지 라우터 기능도 병용할지 선택할 수 있다.

● 무선 LAN 연결은 유선 LAN 연결과 똑같다

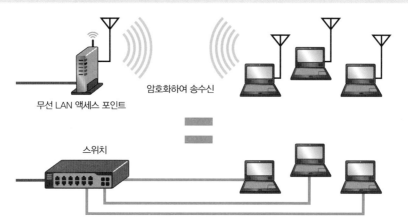

무선 LAN 액세스 포인트

암호화하여 송수신

스위치

● 무선 LAN 연결의 주요 규격과 특징

규격명	통신 속도	주파수대	특징	별칭
IEEE 802.11b [*1]	11Mbps [*2]	2.4GHz대	오래된 규격으로 별로 사용하지 않는다	–
IEEE 802.11a	54Mbps	5GHz대	지원하는 기기가 적다	–
IEEE 802.11g [*1]	54Mbps	2.4GHz대	거의 모든 기기가 지원한다	–
IEEE 802.11n [*1]	600Mbps	2.4GHz/5GHz대	많이 사용되는 규격이다	Wi-Fi4
IEEE 802.11ac	6.9Gbps	5GHz대	많이 사용되는 규격 중 고속이다	Wi-Fi5
IEEE 802.11ax	9.6Gbps	2.4GHz/5GHz대	주로 새로운 기기가 지원한다. 고속이다	Wi-Fi6

※1 대부분의 기기가 IEEE 802.11b/g/n을 지원한다
※2 옵션으로 22Mbps

● 무선 LAN 연결의 보안 방식과 개념

규격명	암호화 방식	개념
WEP	WEP	취약성 때문에 사용해서는 안 된다
WPA [*1]	TKIP(또는 AES [*3])	취약성 때문에 사용해서는 안 된다
WPA2 [*1]	AES [*3](또는 TKIP)	AES와 병용하면 사용 불가능은 아니다
WPA3 [*2]	AES [*3]	사용을 권장한다

※1 WPA와 WPA2에는 개인용과 기업용 두 가지 모드가 있다. 개인용은 암호화에 사용하는 키(암호와 같은 것)
　를 무선 포인트 액세스와 무선 클라이언트에 사전에 수동으로 설정한다. 가정에서 이용하는 것은 이쪽이다.
　기업용은 IEEE 802.1X 장치만을 사용하여 이를 자동 배포한다
※2 WPA3도 크게 개인용과 기업용 두 가지 모드가 있으며, 더욱 세분한 모드도 있다. 각각의 개념은 WPA/
　WPA2와 마찬가지이다
※3 CCMP라고도 표기한다(본래 TKIP를 지원하는 것은 CCMP지만 관례적으로 AES로 쓰는 경우가 많다)

4

네트워크 기기와 가상화

관련
용어　LAN P.16 | LAN 케이블 P.184 | 보안 P.146 | 부정 침입 P.150 | 암호화 P.148 | 이더넷 P.98

05 포트 기반 VLAN과 태그 기반 VLAN

이더넷에서 스위치를 사이에 두고 연결되어 있는 컴퓨터는 하나의 네트워크에 연결되어 있다고 간주한다. 그렇게 해서 구성된, 물리적으로 하나인 네트워크를 논리적으로 여러 개인 네트워크로 나누는 기술을 VLAN(Virtual LAN)이라고 한다. 예를 들어 영업부가 있는 사무실을 경리부도 같이 쓰게 되었을 때 LAN 배선은 기존의 것을 사용하면서, 영업부와 경리부가 마치 다른 두 개의 LAN을 사용하는 것처럼 만들 수 있는 것이다. 가정용 허브나 Wi-Fi 라우터에는 보통 이러한 VLAN 기능이 탑재되어 있지 않다.

█ 포트 기반 VLAN

포트 기반 VLAN은 스위치나 라우터에 탑재되어 있는 포트들을 몇 개의 그룹으로 지정하여, 해당 그룹에 속한 포트들을 독립된 하나의 LAN처럼 보이게 하는 기술이다. 그룹을 여러 개 만들어 다수의 논리적인 LAN을 만들 수도 있다. 포트 기반 VLAN은 스위치나 라우터에서 LAN 분할 기능이라 부르기도 한다.

█ 태그 기반 VLAN

태그 기반 VLAN은 하나의 LAN 케이블 안에 여러 개의 LAN 정보를 흘려보내는 기술이다. 표준화된 사양은 IEEE 802.1Q라고 하는데, 이를 지원하는 스위치나 라우터라면 기종을 불문하고 이용할 수 있다. IEEE 802.1Q에서는 이더넷 프레임 안에 VLAN 번호를 나타내는 정보(태그)를 심어 둠으로써 하나의 LAN 케이블 안에 흐르는 정보를 VLAN 별로 구별한다.

태그 기반 VLAN은 일반적으로 포트 기반 VLAN과 조합하여 사용한다. 예를 들어 두 개의 스위치가 하나의 LAN 케이블로 연결되어 있는데 그곳에 두 개의 VLAN을 만든다고 하자. 이 경우 먼저 각 스위치에 포트 기반 VLAN으로 두 개의 VLAN을 만든다. 그 다음 각 VLAN 정보를 태그 기반 VLAN을 사용하여 다른 쪽의 스위치에 보내도록 설정하면 된다.

플러스 1 VLAN은 편리한 기능이지만 물리적인 배선만 봐서는 네트워크가 어떻게 구성되어 있는지 모른다는 단점도 있다.

● VLAN을 사용하면 하나의 LAN 안에 여러 개의 물리적인 LAN을 만들 수 있다

예를 들어 영업부가 있는 층에 경리부도 있는 경우, VLAN을 사용하여 두 개의 논리적인 네트워크로 나눌 수 있다.

경리부 네트워크

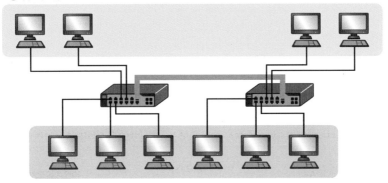

영업부 네트워크

포트 기반 VLAN

예를 들면 스위치의 왼쪽 네 개 포트는 VLAN101, 중간의 포트 네 개는 VLAN102와 같이 나눌 수 있다. 그러면 똑같은 스위치에서 완전히 독립적인 네트워크로 작동한다.

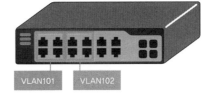

태그 기반 VLAN

태그 기반 VLAN의 경우는 정보에 VLAN 번호를 나타내는 태그를 붙여 각각을 구분하는 형태로 보낸다. 정보를 수취한 스위치는 해당 태그를 가지고 어떤 VLAN 정보인지를 식별한다.

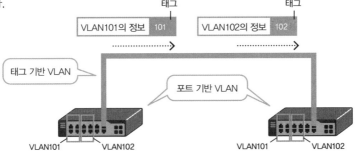

관련
용어 | L2 스위치 P.100 | L3 스위치 P.102 | 이더넷 P.98 | 허브/스위치 P.68

06 VPN과 터널 기술

▦ VPN이란?

VPN(Virtual Private Network)은 인터넷과 같은 기존 네트워크 안에 새로 가상 네트워크를 만드는 기술이다. 기업이 VPN을 이용하는 경우는 비교적 규모가 작은 영업소의 네트워크를 인터넷을 경유하여 본사의 네트워크에 참가시키거나(LAN형), 출장지에서 모바일 회선으로 사무실 네트워크에 연결하는(리모트형) 경우가 대표적이다.

인터넷처럼 안전이 보장되지 않는 네트워크에서 VPN을 사용하는 경우에는, 만일 도청을 당해도 일정한 기밀성이 유지되도록 암호화(6-02 참조)를 같이 사용한다. 허가받은 연결인지 아닌지를 확인하는 인증도 필요하다. 이러한 처리를 해야하며 인터넷 혼잡의 영향도 받기 때문에 인터넷을 사이에 둔 VPN 연결은 다소 통신 속도가 느려지는 경향이 있다.

▦ 터널 기술과 인증

VPN에서 중요한 것은 터널 기술이다. 터널이란 어떤 통신 회선 안에 만든 가상의 통신 회선이다. 이처럼 터널을 여러 개 만들어 두면 하나의 통신 회선을 가상의 여러 통신 회선으로 이용할 수 있게 된다.

인터넷을 사용하는 VPN에서는 PPTP(Point-to-Point Tunneling Protocol)나 L2TP(Layer 2 Tunneling Protocol)라는 터널 프로토콜을 사용한다. 이런 프로토콜은 터널을 만들어 내는 기능은 갖고 있지만 암호화하는 기능은 갖고 있지 않다. 그래서 IPsec(Internet Protocol Security)과 같은 암호화 프로토콜을 같이 사용하여 터널을 사용한 통신을 암호화함으로써 기밀성을 유지한다. 그 중에서도 IPsec과 LSTP의 조합은 인터넷 VPN에 많이 사용한다.

IPsec에는 암호화를 위한 키를 교환하는 프로토콜인 IKE(Internet Key Exchange protocol), 암호화한 데이터를 주고받는 ESP(Encapsulated Security Payload), 인증과 변조를 탐지하는 AH(Authentication Header)가 준비되어 있어 이것들을 조합하여 사용한다.

플러스 1 ▶ 보안이나 통신 속도를 중시하는 경우, 인터넷과 연결되어 있지 않은 전용 IP 네트워크를 사용하여 VPN을 이용하기도 한다.

● VPN의 이미지

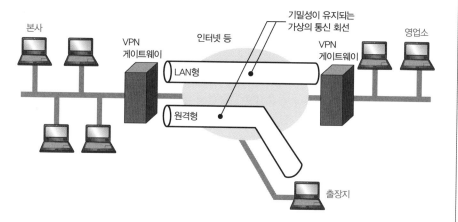

● 터널 기술로 논리적인 회선을 만들어 낸다

IPsec/L2TP 등으로 만들어 낸
기밀성이 유지된 논리적인 회선

물리적인 회선
이 안에 여러 개의 논리적인 회선을 설정할 수 있다

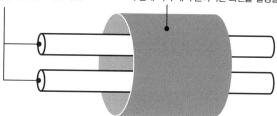

● IPsec의 주요 구성 요소

IKE	ESP	AH
Internet Key Exchange protocol	Encapsulated Security Payload	Authentication Header
암호화를 위한 암호키를 교환하는 프로토콜	데이터를 암호화하여 주고받는 장치	인증과 변조를 탐지하는 장치

관련
용어   암호화 P.148 | 인터넷 VPN P.22

07 가상화

가상화란?

가상화란 물리적인 네트워크나 컴퓨터를 사용하여, 논리적인 네트워크나 컴퓨터를 만들어 내는 기술을 말하다.

가상화를 사용하면 하나의 물리적인 장치 안에 여러 개의 논리적인 장치를 만들거나, 반대로 여러 개의 물리적인 장치를 하나의 논리적인 장치로 보여줄 수 있다.

네트워크 가상화 기술의 예로 VLAN(4-05 참조)이 있다. VLAN은 물리적으로 보면 하나인 LAN 안에, 논리적으로 여러 개의 LAN을 만들어 내는 가상화 기술이다. 또, 인터넷 연결을 사용하여 그 위에 논리적인 전용 회선을 만드는 VPN 기술(4-06 참조)도 가상화 기술이라고 할 수 있다.

가상화의 장점

가상화의 장점으로는 물리적인 장치의 수나 장소에 제약 받지 않고 기능을 이용할 수 있다는 점, 장치의 처리 능력을 유용하게 활용할 수 있다는 점, 장치 자체가 갖고 있는 능력 이상의 처리 능력을 갖게 한다는 점, 필요에 따라 스케일업/다운을 쉽게 할 수 있다는 점 등이 있다.

현재 많이 보급되고 있는 클라우드 컴퓨팅도 이 가상화 기술을 사용한다. 이 분야에서는 컴퓨터 자체가 가상화되어 있어 화면 조작만으로 새로운 컴퓨터를 만들거나 삭제할 수 있다. 만들어 낸 논리적인 컴퓨터는 네트워크를 경유하여 조작한다.

또, 이렇게 만든 논리적인 컴퓨터와 논리적인 네트워크를 연결하여 물리적인 장치 안에 논리적인 컴퓨터 네트워크를 구축하는 기술도 현재 급속히 발달하여 실용화가 진행되고 있다.

플러스 1 ▶ 일반적으로 가상화에는 '가상화를 위한 처리'가 별도로 필요하지만, 이를 뛰어넘는 장점이 더 많기 때문에 최근에는 대부분 가상화가 도입되고 있다.

● 네트워크 가상화 이미지

실제 연결

PC A   PC B   PC C

서버 X   서버 Y

물리적으로는 하나의 네트워크지만 그 안에 독립된
두 개의 논리적인 네트워크를 만드는 것도 가상화
기술 중 하나이다

논리적인 연결

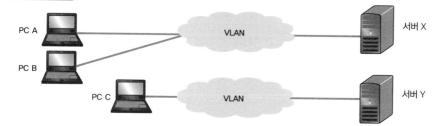

PC A

PC B

VLAN

서버 X

PC C

VLAN

서버 Y

● 가상화의 두 가지 방향성

하나의 물리적인 장치
안에 여러 개의 논리적인
장치를 만든다

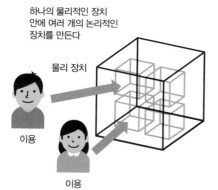

물리 장치

이용

이용

여러 대의 물리적인 장치를 묶어서
하나의 거대한 논리적인 장치처럼
보이게 한다

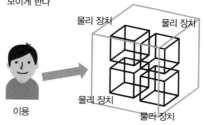

물리 장치   물리 장치

이용

물리 장치

물리 장치

• 한 대를 여러 대처럼 이용할 수 있다
• 처리 능력을 낭비하지 않고 효율적으로 활용할 수 있다

• 높은 처리 능력을 갖게 할 수 있다
• 필요에 따라 쉽게 스케일업/다운할 수 있다

관련
용어   IPv4 over IPv6 P.114 │ VLAN P.106 │ VPN P.108 │ 클라우드 P.112

08 클라우드

▤ 클라우드란?

클라우드는 새로운 시스템 구축·이용 방식으로 정착하고 있다. 클라우드의 특징은 '사용자 자신이 웹 화면 등을 통해 컴퓨터, 네트워크, 각종 서비스를 자유롭게 조합하여 필요한 시스템이나 서비스를 조립하고, 그것을 네트워크를 통해 이용할 수 있다'는 것이다. 물리적인 기기를 직접 마련하지 않아도 그와 똑같은 것을 이용할 수 있는 매우 신기한 시스템이다.

그 배경에서 가상화 기술이 중요한 역할을 하고 있다. 가상화된 컴퓨터나 네트워크는 어디까지나 컴퓨터 안에 존재하는 논리적인 것이므로 이들을 연결하는 데 물리적인 배선은 사용할 수 없다. 대신에 특정 프로그램을 사용하여 서로 주고받을 데이터를 전송하게 된다. 이런 일들을 웹 화면에서 컨트롤할 수 있도록 한 것이 클라우드라 할 수 있다.

▤ 클라우드의 종류

클라우드는 크게 세 가지로 분류할 수 있다. IaaS, PaaS, SaaS가 있다.

IaaS(Infrastructure as a Service)는 가상화된 컴퓨터나 네트워크를 만들어 주는 장치이다. 외부에서 이용하는 경우 물리적인 장치와 다른 점을 느끼지 못하지만, 실제로는 서버 안에 논리적으로 만들어진 것이다. 논리적으로 존재하므로 사용자가 급증하면 기기 수를 늘리는 등 유연한 대처가 가능하다.

PaaS(Platform as a Service)는 컴퓨터 본체가 아니라 호출하여 이용할 수 있는 일정한 기능(프로그램 실행 환경, 데이터베이스, 사용자 인터페이스 등)을 서비스화하여 제공하는 것이다. 이용자는 이들을 조합하여 자신의 목적에 맞는 시스템을 만들어 낼 수 있다.

SaaS(Software as a Service)는 완성된 소프트웨어를 네트워크를 통해 제공하는 것이다. 이메일, 그룹웨어, 스프레드시트 등의 네트워크를 통해 이용할 수 있다.

플러스 1 SaaS(경우에 따라서는 PaaS의 일부도 포함)와 거의 똑같은 뜻으로 사용되는 용어로 ASP(Application Service Provider)가 있다. 용어 자체는 ASP가 더 오래전부터 사용되었다.

● 클라우드란?

클라우드는 가상화된 장치나 서비스를 웹 화면 등에서 자유롭게 조합하여 네트워크를 경유하여 이용하는 장치이다.

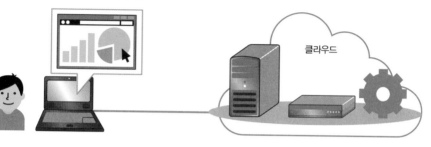

● 클라우드의 종류

클라우드는 크게 세 가지로 분류할 수 있다.

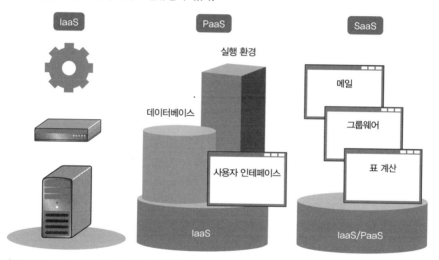

가상화된 컴퓨터나 네트워크를 제공한다

시스템을 만들어 내는 데 필요한 각종 기능을 제공한다. IaaS를 기반으로 사용한다

네트워크를 경유하여 여러 소프트웨어를 제공한다. IaaS나 Paas를 기반으로 사용한다

관련 용어 REST API P.136 │ 가상화 P.110 │ 클라우드 서버 P.178

인터넷 연결을 빠르게 해주는 터널 기술 'IPv4 over IPv6'

최근에 'IPv6으로 바꾸면 인터넷이 빨라진다'는 말을 들어본 적이 있을 것이다. 이를 가능하게 해주는 기술 중 하나로 이번 장에서 소개한 터널 장치가 있다. 여기서는 터널 장치를 소개하겠다.

KT 등을 이용하는 인터넷 연결은 지금까지는 반드시 망 종단 장치(NTE)를 경유하여 인터넷과 연결되어 있었다. 하지만 NTE는 자주 혼잡해져서 인터넷과의 통신이 느려지는 원인이 된다.

이러한 NTE를 경유하지 않는 연결 방법으로 등장한 것이 'IPoE 연결'이라는 연결 방법이다. 하지만 이 IPoE 연결에는 IPv6 패킷만 보낼 수 있다. 그래서 그 안에 IPv4 패킷을 보낼 수 있는 터널을 만들어 내는 'IPv4 over IPv6'이라는 기술을 같이 사용한다. 이렇게 하면 혼잡을 피하면서 기존의 IPv4 인터넷에 도달할 수 있게 되어, 결과적으로 인터넷 액세스가 빨라지게 되는 것이다.

만일, 이용중인 프로바이더(ISP)가 이런 연결 방법을 지원한다면 프로바이더에게 필요한 신청을 하고 이를 지원하는 라우터를 마련하여 적절한 설정을 하면 이용할 수 있다.

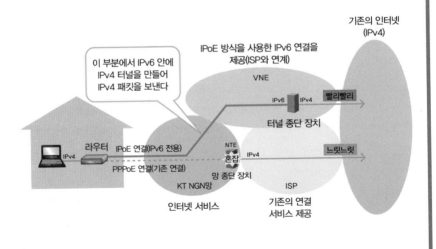

네트워크 서비스

이 장에서는 메일이나 웹과 같은 네트워크 애플리케이션이 우리가 보지 못하는 뒤쪽에서 어떻게 통신하고 있는지를 다룬다. 평소 아무 생각 없이 사용하는 것도 그 동작 원리를 알면 인식이 달라질 것이다.

01 웹을 지지하는 기술

▌하이퍼텍스트의 개념

많은 조직이나 개인이 인터넷에 개설하는 홈페이지는 WWW(World Wide Web) 또는 단순히 웹이라고 부르는 기술을 사용하고 있다. 이는 인터넷 서버에 올린 문서를 네트워크를 통해 볼 수 있게 해 주는 것으로, 문서 형식으로 하이퍼텍스트가 사용된다. 하이퍼텍스트는 문서 안에 다른 문서로 이동할 수 있는 하이퍼링크라는 것을 심어둔 것이다. 이 하이퍼링크를 따라가면 여러 문서를 연결시켜 그 전체가 커다란 정보를 나타낼 수 있다. 하이퍼텍스트를 기술할 때는 HTML과 같은 전용 기술 언어를 사용한다.

▌URL이란?

웹에 존재하는 문서나 각종 파일을 가리키는 데는 URL(Uniform Resource Locator)을 사용한다. 일반적으로 '홈페이지 주소'라고 하는 것이다. 많이 사용되는 웹의 URL은 크게 스킴, 호스트명, 패스명, 이렇게 세 부분으로 구성된다.

스킴은 사용할 프로토콜의 종류를 지정하는 것으로, http, https, ftp, mailto 등이 대표적이다. 호스트명은 연결할 컴퓨터의 도메인명이나 IP 주소를 지정한다. 패스에는 서버 안의 저장 위치나 파일명을 지정한다.

▌정적 콘텐츠와 동적 콘텐츠

웹 콘텐츠는 미리 제작하여 서버에 저장해 두는 정적 콘텐츠와, 서버에 읽어 들이는 요청을 할 때마다 프로그램이 작동하여 만들어 내는 동적 콘텐츠로 나눌 수 있다. 정적 콘텐츠는 항상 똑같은 것을 반환하면 되는 경우에 사용한다. 회사 웹 사이트의 메인 페이지는 정적 콘텐츠로 만드는 경우가 많다. 동적 콘텐츠는 액세스할 때마다 결과가 달라질 가능성이 있는 것에 사용한다. 예를 들어 키워드로 검색하여 매번 결과가 달라지는 검색 엔진의 결과 표시 화면에는 동적 콘텐츠를 사용한다.

플러스1 URL과 혼동하기 쉬운 것으로 URI(Uniform Resource Identifier)가 있다. URI는 이 항목에서 다루는 URL과 대상의 이름을 나타내는 URN(Uniform Resource Name)을 합친 명칭이다.

● 웹에서는 하이퍼링크로 연결된 하이퍼텍스트를 따라가서 열람할 수 있다

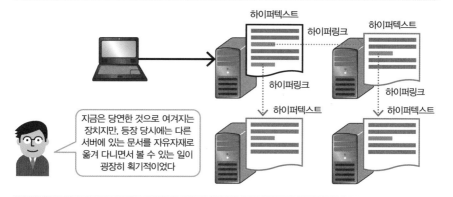

하이퍼텍스트
하이퍼링크
하이퍼텍스트
하이퍼링크
하이퍼링크
하이퍼텍스트
하이퍼링크
하이퍼텍스트

지금은 당연한 것으로 여겨지는 장치지만, 등장 당시에는 다른 서버에 있는 문서를 자유자재로 옮겨 다니면서 볼 수 있는 일이 굉장히 획기적이었다

● 웹 상의 정보 위치는 URL로 나타낸다

호스트명 앞에는 필요하면 사용자명:비밀번호@의 형식으로 로그인 정보를 쓸 수도 있다. ftp 등에서 사용한다

호스트명 뒤에는 필요하면 :포트 번호의 형식으로 포트 번호를 쓸 수 있다. 생략 시에는 스킴의 표준 포트 번호가 사용된다

https://www.infopub.co.kr/index.html

스킴	호스트명	패스

사용 프로토콜을 지정한다

- http   암호화하지 않은 웹
- https 암호화한 웹
- ftp   파일 전송
- mailto 메일 송신 등

연결할 컴퓨터의 이름이나 IP 주소를 지정한다

서버 안의 저장 위치나 파일명이다. 생략하면 기본 문서를 지정한 것이 된다

● 정적 콘텐츠와 동적 콘텐츠

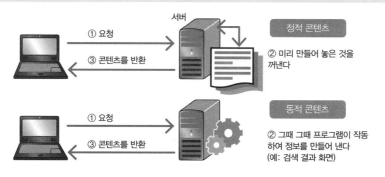

서버

① 요청
③ 콘텐츠를 반환

정적 콘텐츠
② 미리 만들어 놓은 것을 꺼낸다

① 요청
③ 콘텐츠를 반환

동적 콘텐츠
② 그때 그때 프로그램이 작동하여 정보를 만들어 낸다 (예: 검색 결과 화면)

02 HTTP

HTTP(Hypertext Transfer Protocol)는 웹 서버와 웹 클라이언트 사이에서 웹 정보를 주고받기 위한 프로토콜이다. 우리가 보통 홈페이지로 정보를 수집하거나 블로그를 읽을 때는 이 HTTP를 사용하여 데이터를 주고받는 것이다.

HTTP의 특징은 동작이 매우 심플하다는 것이다. 정보를 주고받을 때 클라이언트(웹 브라우저 등)가 요청을 하면 서버가 응답을 돌려준다. 하나의 요청에는 하나의 응답을 반환한다는 규칙이 있으므로 어느 한 쪽이 많아지는 일은 없다. 또 이전에 무엇을 요청했는지에 따라 응답이 바뀌는 경우가 없어서 같은 조건의 요청에 대한 응답은 항상 똑같다. 이처럼 간결하고 단순한 특징을 갖고 있다는 점 때문에 웹 서버와 웹 브라우저 간의 데이터 교환 외에도, 스마트폰 앱에서 서버 기능을 호출하거나 서버끼리 서비스를 호출하는 경우 등 폭넓게 사용되고 있다. 이런 사용법에 대해서는 REST API 항목(5-11 참조)에서 설명한다.

또, 대부분의 경우에 HTTP는 TCP와 조합하여 사용한다. 드물지만 UDP와 조합하는 경우도 있다. 서버가 HTTP 통신을 접수 받는 포트 번호는 보통 80번이다. 그러나 특수한 용도로 80번 이외의 포트를 사용하는 경우도 있다. HTTP 프록시(5-10 참조)를 사용하는 경우가 그 예이다.

▌ 요청과 응답

HTTP 요청을 TCP/IP를 사용하여 서버로 보내면 서버는 받은 요청 내용을 처리한 후 그 결과를 HTTP 응답으로 반환한다.

요청은 요청 행, 헤더 필드, 메시지 본문으로 이루어져 있는데, 수행하고 싶은 조작을 요청 행의 메서드로 지정한다. 예를 들어 서버로부터 파일을 꺼내고 싶을 때는 GET 메서드를 사용하고 그 뒤에 꺼내고 싶은 파일명을 지정한다. 헤더 필드는 보조적인 정보를 지정하는 부분이다.

응답은 상태 행, 헤더 필드, 메시지 본문으로 이루어지는데, 처리 결과는 상태 코드로 나타낸다. 스테이터스 코드가 200인 경우 요청이 정상적으로 처리되었다는 것이다.

플러스 1 │ 액세스 요청 폭주가 예상되는 웹 사이트의 경우, 웹 서버 앞에 설치한 '로드 밸런서'(5-12 참조)로 각 액세스를 여러 개의 웹 서버로 분산 할당하여 대량의 액세스를 처리한다.

● HTTP는 요청을 보내면 응답을 반환하는 심플한 스타일

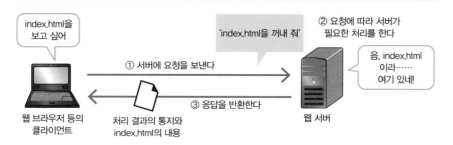

index.html을
보고 싶어

'index.html을 꺼내 줘'

② 요청에 따라 서버가
필요한 처리를 한다

음, index.html
이라……
여기 있네!

① 서버에 요청을 보낸다

③ 응답을 반환한다

웹 브라우저 등의
클라이언트

처리 결과의 통지와
index.html의 내용

웹 서버

HTTP 요청

대상의 이름

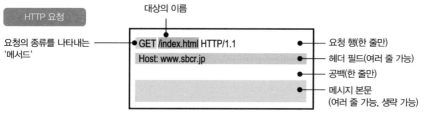

요청의 종류를 나타내는
'메서드'

GET /index.html HTTP/1.1
Host: www.sbcr.jp

요청 행(한 줄만)

헤더 필드(여러 줄 가능)

공백(한 줄만)

메시지 본문
(여러 줄 가능, 생략 가능)

주요 메서드	의미
GET	지정한 대상을 서버로부터 꺼낸다
HEAD	지정한 대상과 관련된 헤더 정보를 꺼낸다
POST	지정한 대상(프로그램)에게 데이터를 보낸다
PUT	서버 안에 파일을 쓴다
DELETE	서버 안의 파일을 삭제한다

HTTP 응답

처리 결과를 나타내는 '상태 코드'

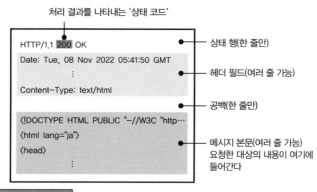

HTTP/1.1 200 OK
Date: Tue, 08 Nov 2022 05:41:50 GMT
⋮
Content-Type: text/html

〈!DOCTYPE HTML PUBLIC "-//W3C "http…
〈html lang="ja"〉
〈head〉
⋮

상태 행(한 줄만)

헤더 필드(여러 줄 가능)

공백(한 줄만)

메시지 본문(여러 줄 가능)
요청한 대상의 내용이 여기에
들어간다

주요 상태 코드	의미
200	정상
401	인증이 필요
404	발견되지 않음
408	요청 시간 초과
500	서버 내부 오류

관련
용어   HTML P.140 | HTTPS P.120 | HTTP 프록시 P.134 | REST API P.136

03 HTTPS와 SSL/TLS

▐▌ HTTPS의 개요

HTTPS(Hypertext Transfer Protocol Secure)는 HTTP 통신을 안전하게 해주는 장치이다. 웹 브라우저와 웹 서버 간의 인터넷 뱅킹이나 신용카드 서비스, 개인정보 등록이나 수정 등을 하는 경우는 HTTPS를 사용한다. HTTPS의 포트 번호로는 443번이 할당되어 있다. 웹 사이트가 암호화를 하지 않는 HTTP로 통신하는지, 암호화된 HTTPS로 통신하는지는 웹 사이트의 URL을 보면 알 수 있다. 'http://'로 시작하는 웹 사이트는 HTTP이고, 'https://'로 시작하는 웹 사이트는 HTTPS 통신을 사용하는 것이다.

HTTPS는 이를 위한 특별한 프로토콜이 정해져 있는 것이 아니라 SSL(Secure Sockets Layer)/TLS(Transport Layer Security)라는 프로토콜이 만들어주는 안전한 연결을 사용하여 그 위에서 HTTP를 사용한 통신을 수행한다. 때문에 HTTP가 갖고 있는 심플하고 범용성이 높은 특징은 그대로 살리고 있다.

HTTPS를 사용하여 HTTP 요청이나 응답의 내용을 암호화하면 인터넷 어딘가에서 누군가가 이를 도청해도 그 내용을 알 수 없다. 또 중간에 누군가가 통신 내용을 바꿔 쓰는 '변조'가 일어났는지도 검출할 수 있다. 추가로, 연결한 곳의 웹 서버가 진짜인지 아닌지를 검증하는 기능도 있다.

▐▌ SSL/TLS의 개요

SSL/TLS에서는 정보 암호화에 사용하는 각 알고리즘(처리 방법)을 여러 후보 중에서 선택할 수 있도록 되어 있다. 어떤 알고리즘을 사용할지는 통신 첫 단계에서 서버와 클라이언트가 서로 상의해서 정하며, 쌍방이 처리 가능하고 더욱 안전한 것을 선택한다. 이를 네고시에이션이라고 한다.

강력한 암호와 조금 약한 암호가 있을 때, 서버와 브라우저 중 어느 한 쪽이 조금 약한 암호밖에 처리하지 못하는 경우는 조금 약한 암호를 사용하여 통신이 일어나기 때문에 주의가 필요하다. 또한 새로운 버전인 TLS 1.3의 경우 이용할 수 있는 암호를 충분히 강력한 것 중 몇 종류로 좁힌다. 오래된 암호나 약한 암호를 후보에서 제외시킴으로써 안전성을 높이는 것이다.

플러스 1 예전에는 높은 보안을 필요로 할 때 HTTPS를 사용하고 그렇지 않을 때는 HTTP를 사용했지만, 최근에는 모든 페이지가 HTTPS를 사용하는 '상시 SSL'이 주류가 되었다.

● **안전한 통신이 필요한 경우는 HTTPS를 사용한다**

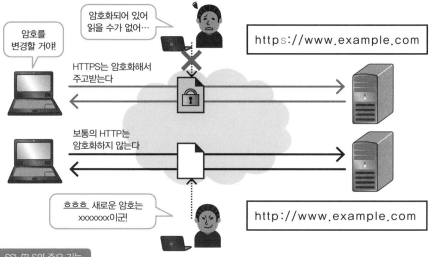

SSL/TLS의 주요 기능

암호화	도청 당해도 내용이 유출되지 않는다
변조 검출	통신 도중에 내용이 변조되었다면 검출한다
인증	상대가 진짜인지 아닌지를 확인한다

● **암호화를 담당하는 SSL/TLS는 HTTP와 TCP 사이에 위치한다**

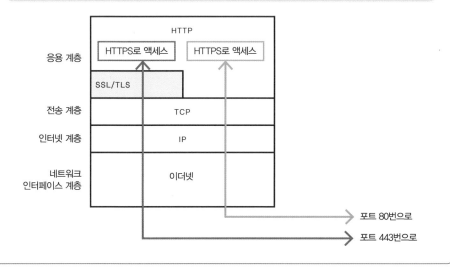

관련
용어   HTTP P.118 | 암호화 P.148

04 SMTP

SMTP(Simple Mail Transfer Protocol)는 이메일 송신에 사용하는 프로토콜이다. 주로 TCP 와 같이 사용하며 포트 번호는 25번을 사용해왔다. 최근에는 다른 포트 번호도 사용하는 데, 이에 대해서는 뒤에서 설명한다.

SMTP로 메일을 보낼 때의 전형적인 흐름은 오른쪽 그림과 같다. HTTP처럼 한 번의 요청에 한 번의 응답을 반환해서 끝내는 것이 아니라, 연결되어 있는 동안 몇 번이나 명령과 응답을 주고받는다. 응답에서는 숫자 세 자리로 된 응답 코드로 결과를 나타내고 보통 그 다음에 사람이 읽을 수 있는 영어 메시지가 이어진다.

▌ OP25B와 서브미션 포트

한국에서 제공되는 대부분의 인터넷 연결 서비스에서는, 연결되어 있는 ISP 네트워크 외부에 있는 메일 서버에 대해 25번 포트로 연결하는 것을 차단하고 있다. 스팸 메일 방지책으로 도입된 **OP25B**(Outbound Port 25 Blocking)를 사용하고 있기 때문이다.

인터넷 메일은 전형적으로 다음과 같은 형태로 송신된다.

① 자신이 사용권을 갖고 있는 메일 서버에 메일을 SMTP로 송신한다
② 자신이 사용권을 갖고 있는 메일 서버로부터 수취인의 수신함이 있는 메일 서버에 메일이 SMTP로 전송된다
③ 전송된 메일이 수취인의 수신함에 들어간다

OP25B가 도입된 이후에는, 메일 서버가 ISP 네트워크의 외부에 있을 때 ①번 과정에서 25번 포트로 연결할 수 없어 대신에 587번 포트를 사용하도록 되어 있다. 서브미션 포트라고 부르는 이 포트에는 **SMTP-AUTH**(메일 송신에 ID와 비밀번호를 요구함)가 설정되어 있어, 해당 메일 서버에 ID/비밀번호를 갖고 있는 사람만이 메일을 송신할 수 있다. 이 대책으로 인해 마음대로 메일 서버를 사용하는 것이 곤란해져 스팸 메일 박멸에 효과가 나타나고 있다. 하지만 메일 송신 시 포트 25번과 587번 중 어떤 것을 사용해야 할지 판단해야 한다.

플러스 1 SMTP는 통신 내용을 암호화하지 않아 도청 등에 약하다는 점에서 최근에는 SSL/TLS를 병용하여 내용을 암호화하는 SMTPS가 보급되고 있다.

● SMTP의 전형적인 흐름

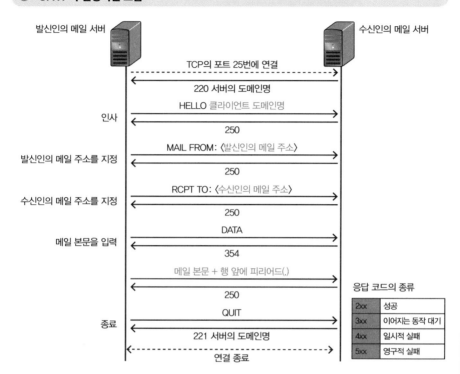

발신인의 메일 서버 | 수신인의 메일 서버

TCP의 포트 25번에 연결

220 서버의 도메인명

HELLO 클라이언트 도메인명

인사

250

MAIL FROM: 〈발신인의 메일 주소〉

발신인의 메일 주소를 지정

250

RCPT TO: 〈수신인의 메일 주소〉

수신인의 메일 주소를 지정

250

DATA

메일 본문을 입력

354

메일 본문 + 행 앞에 피리어드(.)

250

QUIT

종료

221 서버의 도메인명

연결 종료

응답 코드의 종류

2xx	성공
3xx	이어지는 동작 대기
4xx	일시적 실패
5xx	영구적 실패

● 인증에는 587번 서브미션 포트를 사용한다

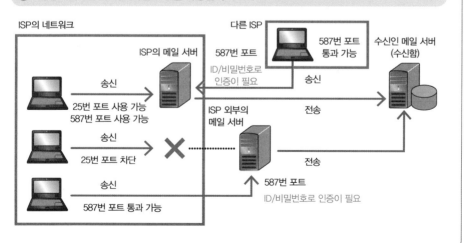

ISP의 네트워크

ISP의 메일 서버

다른 ISP

587번 포트

587번 포트 통과 가능

수신인 메일 서버 (수신함)

송신

25번 포트 사용 가능
587번 포트 사용 가능

587번 포트
ID/비밀번호로 인증이 필요

송신

송신

25번 포트 차단

ISP 외부의 메일 서버

전송

송신

587번 포트 통과 가능

587번 포트
ID/비밀번호로 인증이 필요

전송

관련
용어 POP3 P.124 | SSL/TLS P.120

05 POP3와 IMAP4

▐▌ POP3는 메일을 컴퓨터로 가져오는 스타일

POP3(Post Office Protocol Version 3)와 IMAP4(Internet Message Access Protocol Version 4)는 수신함에서 메일을 꺼내서 읽는 프로토콜이다. 인터넷의 이메일은 SMTP를 사용해 수신인 메일 주소의 수신함이 있는 서버까지 전달되어 수신함 안에 저장된다. 여기에 저장된 메일을 꺼내 읽기 위해 POP3와 IMAP4를 사용한다.

POP3는 수신함의 메일을 PC로 가져와 PC 안에서 정리나 열람을 하는 스타일을 채택하고 있다. 서버에 있는 수신함은 기본적으로 메일을 꺼내면 비워지게 된다(남길 수도 있다). 메일을 모두 PC로 읽어 들이므로 네트워크와 연결이 끊어져도 자유롭게 메일을 읽을 수 있다. 하지만 메일을 PC로 가져오기 때문에 같은 메일을 스마트폰 등의 다른 기기에서도 읽고 싶은 경우에는 적합하지 않다.

POP3는 보통 TCP와 조합하여 사용하며 포트는 110번이 할당되어 있다. 또, SSL/TLS를 사용한 암호화를 병용하여 안전하게 읽어 들일 수 있는 POP3S도 규정되어 있다.

▐▌ IMAP4는 메일을 수신함에 넣어두는 스타일

한편 IMAP4는 메일을 서버 상의 수신함에 넣어둔 채로 정리나 열람을 하는 스타일을 채택하고 있다. 메일이 서버 상에 있으므로, 메일을 읽으려면 원칙적으로 네트워크 연결이 필요하다. 이 점은 네트워크를 끊어도 메일을 읽을 수 있는 POP3와 크게 다른 점이다. 하지만 메일을 저장해 둔 서버에 액세스할 수 있다면 어떤 단말기에서도 똑같은 메일을 읽을 수 있다는 장점이 있다. 이는 PC와 스마트폰을 같이 쓰는 사람에게 편리한 점이다. SSL/TLS를 사용한 암호화도 병용하여 안전하게 메일을 읽을 수 있는 IMAP4S도 있다.

플러스 1   도청 당하기 쉬운 공중 무선 LAN의 보급 이후, SSL/TLS를 사용한 암호화를 병용한 POP3S나 IMAP4S의 보급이 진행되고 있다.

그림으로 이해하자!!

● **POP3와 IMAP4는 수신함에서 이메일을 꺼내 읽는 프로토콜**

송신　　　　　전송　　　　　ISP의 메일 서버

수신인 메일 서버
(수신함)

메일 읽기

POP3 또는 IMAP4

POP3의 전형적인 처리

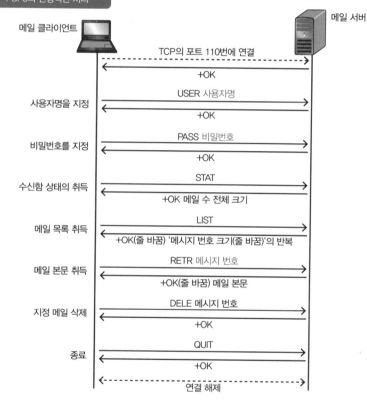

메일 클라이언트　　　　　　　　　　　　　　　　　　　메일 서버

TCP의 포트 110번에 연결

+OK

사용자명을 지정　　　USER 사용자명

+OK

비밀번호를 지정　　　PASS 비밀번호

+OK

수신함 상태의 취득　　STAT

+OK 메일 수 전체 크기

메일 목록 취득　　　LIST

+OK(줄 바꿈) '메시지 번호 크기(줄 바꿈)'의 반복

메일 본문 취득　　　RETR 메시지 번호

+OK(줄 바꿈) 메일 본문

지정 메일 삭제　　　DELE 메시지 번호

+OK

QUIT

종료

+OK

연결 해제

사용하는 포트 번호

암호화 없음

프로토콜	포트 번호
POP3	110
IMAP4	143

암호화 있음

프로토콜	포트 번호
POP3S	995
IMAP4S	993

POP3나 IMAP4의 포트 번호를 사용하여 암호화 없이 통신을 시작하고 도중에 암호화 있는 것으로 전환하는 방법도 규정되어 있는데, 이를 STARTTLS라고 한다

관련
용어　SMTP P.122 | SSL/TLS P.120

06 FTP

FTP(File Transfer Protocol)는 파일을 전송하기 위한 프로토콜이다. 오래전부터 사용해온 프로토콜이지만 요즘은 FTP가 등장할 기회가 많이 줄어들었다. HTTP나 HTTPS도 파일을 전송하는 역할을 할 수 있으며, 보안을 위한 다양한 제한이 많은 기업 네트워크 등에서도 HTTP나 HTTPS를 이용하기 쉽기 때문이다. 그래도 HTTP나 HTTPS에는 없는 다른 특징이 있기 때문에 FTP는 지금도 꾸준히 사용되고 있다.

FTP는 보통 TCP와 함께 사용하며 전송 제어를 위해 21번 포트, 데이터 전송을 위해 20번 포트를 사용한다. 할당된 포트 번호가 두 개인 이유는 FTP가 동시에 두 개의 연결을 사용하기 때문이다. 하나는 전송 제어를 위해, 다른 하나는 실제 데이터를 전송하기 위해 사용한다. 제어를 위한 접속과 전송이 각각 독립적이기 때문에, 전송 도중 바로 정지할 수 있다.

▐▌ 액티브 모드와 패시브 모드

FTP를 사용할 때 문제가 되는 것은 두 번째 연결(데이터 전송용)을 만드는 방법이다. 아무것도 지정하지 않은 경우, FTP 프로토콜은 FTP 서버가 FTP 클라이언트를 향해 연결을 만들려고 한다. 하지만 요즘 사무실이나 가정의 네트워크는 외부로부터의 부정 침입을 막기 위해 외부에서 내부로 연결하는 것을 금지하는 것이 일반적이다. 그래서 인터넷에 있는 FTP 서버는 데이터 전송용 연결을 만들 수도 없고 파일을 전송할 수도 없다. 이런 상황을 처리하기 위해 FTP 클라이언트 쪽에서 두 번째 연결(데이터 전송용)을 만드는 패시브 모드가 설정되어 있다. 패시브 모드를 사용하면 보통 사무실이나 가정의 네트워크에서도 인터넷 상의 FTP 서버를 이용할 수 있다.

▐▌ 암호화를 지원하는 FTPS와 SFTP

FTP에서는 로그인과 전송 시 둘 다 암호화를 사용하지 않기 때문에 암호화가 필요한 경우 FTPS나 SFTP를 사용한다. FTPS는 HTTPS나 SMTPS와 마찬가지로 FTP에 SSL/TLS를 병용하여 안전한 통신을 구현한다. SFTP는 SSH(5-07 참조) 장치를 사용하여 안전한 파일 전송을 구현한다.

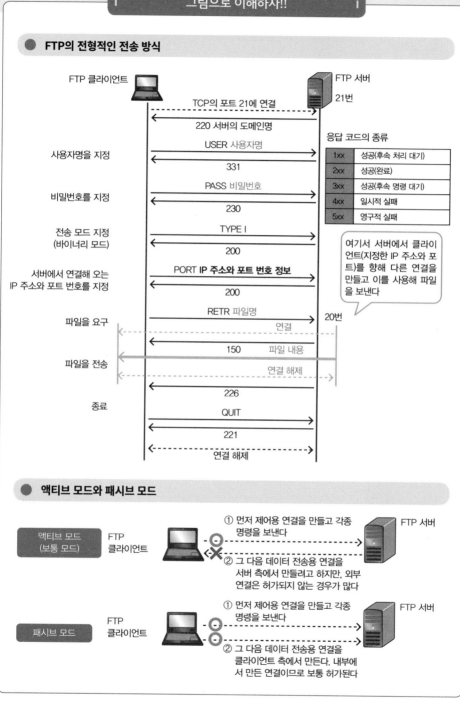

FTP의 전형적인 전송 방식

FTP 클라이언트

FTP 서버
21번

TCP의 포트 21에 연결

220 서버의 도메인명

응답 코드의 종류

사용자명을 지정   USER 사용자명

1xx	성공(후속 처리 대기)
2xx	성공(완료)
3xx	성공(후속 명령 대기)
4xx	일시적 실패
5xx	영구적 실패

331

비밀번호를 지정   PASS 비밀번호

230

전송 모드 지정
(바이너리 모드)   TYPE I

200

서버에서 연결해 오는
IP 주소와 포트 번호를 지정   PORT IP 주소와 포트 번호 정보

200

여기서 서버에서 클라이언트(지정한 IP 주소와 포트)를 향해 다른 연결을 만들고 이를 사용해 파일을 보낸다

파일을 요구   RETR 파일명   20번

연결

150   파일 내용

파일을 전송

연결 해제

226

종료   QUIT

221

연결 해제

액티브 모드와 패시브 모드

액티브 모드
(보통 모드)   FTP 클라이언트

① 먼저 제어용 연결을 만들고 각종 명령을 보낸다   FTP 서버

② 그 다음 데이터 전송용 연결을 서버 측에서 만들려고 하지만, 외부 연결은 허가되지 않는 경우가 많다

패시브 모드   FTP 클라이언트

① 먼저 제어용 연결을 만들고 각종 명령을 보낸다   FTP 서버

② 그 다음 데이터 전송용 연결을 클라이언트 측에서 만든다. 내부에서 만든 연결이므로 보통 허가된다

관련
용어   HTTP P.118 | SSH P.128 | SSL/TLS P.120

07 SSH

▋ SSH의 개요

Windows 컴퓨터에서 보통 이용하는, 그래픽을 사용하여 주로 마우스로 조작하는 스타일을 GUI(Graphical User Interface)라고 한다. 이에 반해 옛날 컴퓨터처럼 화면에 문자만을 표시하여 키보드로 문자를 입력하여 조작하는 스타일을 CUI(Character-based User Interface) 또는 CLI(Command Line Interface)라고 한다.

SSH(Secure Shell)는 서버나 네트워크 기기에 연결하여 대상을 CUI로 조작하기 위한 프로토콜 및 이를 위한 프로그램의 이름이다. TCP와 같이 사용하며 포트는 22번을 사용한다. 대상을 조작하는 CUI 화면은 터미널 또는 콘솔이라고 한다. SSH의 최대 특징은 통신 내용이 암호화되어 안전하게 대상을 조작할 수 있다는 점이다. 서버 관리자든 네트워크 관리자든 대상 기기에 대한 로그인, 관리자 권한 취득 등을 할 때는 로그인 비밀번호나 관리자 비밀번호를 입력할 필요가 있는데 이것이 제3자에게 유출되면 곤란하다. SSH를 사용하면 그런 정보 유출이나 통신 내용의 변조, 위장의 발생을 막을 수 있다.

▋ 더욱 안전한 공개키 인증

SSH는 조작 대상에 대한 로그인 방법으로 ID와 비밀번호를 입력하는 전통적인 방법 외에, 공개키 인증이라는 더욱 안전한 방법을 지원한다. 공개키 인증을 사용하기 위해서는 미리 자신의 인증 정보를 포함한 공개키와 비밀키를 만들어 두고, 로그인할 대상에게 공개키를 저장해 둔다. 그리고 대상이 로그인할 때 짝이 되는 비밀키를 사용하여 로그인한다. ID/비밀번호 방식의 경우 기계적으로 모든 경우의 수를 시도하면 로그인이 뚫릴 가능성이 있지만, SSH 방법에서는 로그인에 필요한 비밀키가 필요하기 때문에 경우의 수를 전부 시도해도 로그인이 풀릴 우려가 없다. 또, 비밀키에 패스 프레이즈를 설정해 두면 비밀키를 갖고 있고 패스 프레이즈를 알고 있다는 조건 두 가지를 모두 만족시켜야만 로그인할 수 있기 때문에 안전성이 더욱 올라간다.

플러스 1   SCP(Secure Copy)는 SSH의 기능을 바탕으로 컴퓨터들이 네트워크를 경유하여 안전하게 파일을 복사하게 해주는 프로토콜이다.

GUI와 CUI의 차이

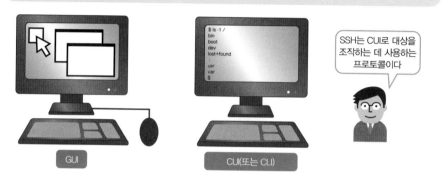

GUI

CUI(또는 CLI)

SSH는 CUI로 대상을 조작하는 데 사용하는 프로토콜이다

SSH

서버나 네트워크 기기에 로그인하여 CUI로 안전하게 조작할 수 있다.

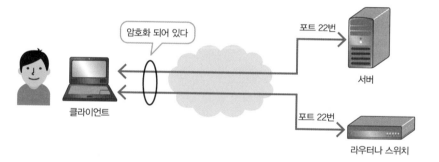

암호화 되어 있다

포트 22번

서버

클라이언트

포트 22번

라우터나 스위치

공개키 인증을 사용하면 보안이 더욱 강화된다

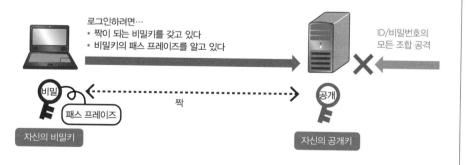

로그인하려면…
• 짝이 되는 비밀키를 갖고 있다
• 비밀키의 패스 프레이즈를 알고 있다

ID/비밀번호의 모든 조합 공격

비밀

패스 프레이즈

짝

공개

자신의 비밀키

자신의 공개키

관련 용어　공개키 암호 P.148

08   DNS

TCP/IP 네트워크에서는 종종 IP 주소 대신에 컴퓨터에 주어진 이름인 '도메인명(3-04 참조)'을 사용한다. 도메인명에서 IP 주소를 구하는 일(정방향) 또는 반대로 IP 주소에서 도메인명을 구하는 일(역방향)을 '이름 해결'이라고 한다. 인터넷에서 이름 해결 기능은 DNS (Domain Name System)가 제공한다. DNS는 문의나 응답에 UDP의 포트 53번을 사용한다. 또 DNS 서버 간에 정보를 복제하는 존(Zone) 전송에는 TCP의 53번을 사용한다. DNS의 특징은 분산 협력 처리를 한다는 것이다. 특정 서버가 집중적으로 처리를 하는 것이 아니라, 도메인명의 구조에 따라 몇 개로 분산시킨 서버가 각각 협력하면서 이름 해결 처리를 한다.

▌▋ 이름 해결의 원리

인터넷에 연결되는 컴퓨터는 보통 DNS에 액세스하는 설정(문의처가 되는 DNS 서버의 IP 주소 지정)이 되어 있다. 통신 상대가 도메인명으로 지정하면 먼저 DNS에 대해 이름 해결을 요청하고, 대응하는 IP 주소를 수취하면 그 IP 주소에 대해 통신을 개시한다.

DNS를 구성하는 서버 종류에는 콘텐츠 서버와 캐시 서버(풀 서비스 리졸버)가 있다. PC나 서버의 프로그램이 이름 해결을 요청하면 해당 PC나 서버에 탑재되어 있는 스터브 리졸버(Stub Resolver: DNS 조회 프로그램)가 캐시 서버에 대해 이름 해결 요청을 보낸다. 그러면 캐시 서버가 순서에 따라 콘텐츠 서버에 액세스하여 이름 해결을 하고 그 결과를 스터브 리졸버에게 반환하면 그것이 프로그램에 전달된다.

또, 각 단계별 조회에서 취득한 대응 정보는 캐시라는 영역에 저장해 두고 다음에 동일한 문의가 왔을 때 콘텐츠 서버에게 문의하지 않고 캐시에 저장되어 있는 결과를 사용한다. 이 방법으로 쓸데없는 통신이 발생하지 않고 신속하게 이름 해결을 하는데 도움이 된다.

플러스 1   콘텐츠 서버가 반환하는 정보에는 유효기간이 설정되어 있어 기간이 지나면 캐시에 저장된 정보는 파기된다. 이렇게 해서 오래된 정보가 계속 사용되는 것을 방지한다.

● **IP 주소보다 도메인명이 기억하기 편하다**

www.infopub.co.kr	118.103.124.61
사람이 기억하기 편하다	기계가 다루기 편하다

도메인명과 IP 주소를 서로 변환하는 것을 이름 해결이라고 한다.

이름 해결

www.infopub.co.kr　　정방향 →　　118.103.124.61
　　　　　　　　　　← 역방향

변환 방향에 따라 '정방향', '역방향'으로 구분한다

● **DNS의 조회 이미지**

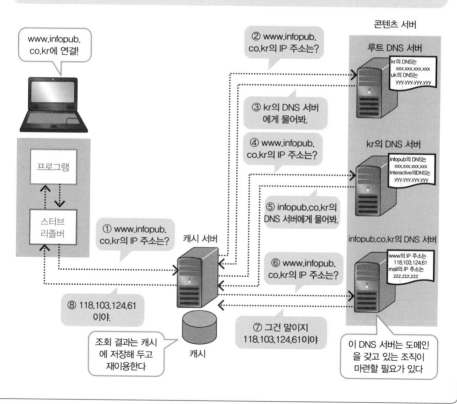

콘텐츠 서버

www.infopub.co.kr에 연결!

② www.infopub.co.kr의 IP 주소는?

루트 DNS 서버

kr의 DNS는 xxx.xxx.xxx.xxx
uk의 DNS는 yyy.yyy.yyy.yyy

③ kr의 DNS 서버에게 물어봐.

④ www.infopub.co.kr의 IP 주소는?

kr의 DNS 서버

infopub의 DNS는 xxx.xxx.xxx.xxx
interactive의 DNS는 yyy.yyy.yyy.yyy

⑤ infopub.co.kr의 DNS 서버에게 물어봐.

프로그램

스터브 리졸버

① www.infopub.co.kr의 IP 주소는?

캐시 서버

⑥ www.infopub.co.kr의 IP 주소는?

infopub.co.kr의 DNS 서버

www의 IP 주소는 118.103.124.61
mail의 IP 주소는 zzz.zzz.zzz

⑧ 118.103.124.61 이야.

조회 결과는 캐시에 저장해 두고 재이용한다

캐시

⑦ 그건 말이지 118.103.124.61이야

이 DNS 서버는 도메인을 갖고 있는 조직이 마련할 필요가 있다

관련
용어　IP 주소 P.56 ｜ URL P.116 ｜ 도메인명 P.84

09 NTP

시계를 맞춰야 하는 이유

NTP(Network Time Protocol)는 네트워크에 연결된 컴퓨터의 시계를 맞추기 위한 프로토콜이다. 전송 계층 프로토콜로는 실시간성이 높은 UDP를 사용하며 포트 번호는 123번을 사용한다.

여러 대의 컴퓨터를 네트워크로 연결하여 같이 사용하는 경우 컴퓨터의 시계가 동일한 것은 매우 중요하다. 예를 들어 메일을 주고받은 시각이 중대한 의미를 갖고 있는 경우 발신인과 수신인의 시계가 맞지 않으면 서로 다른 주장을 할 가능성이 높다. 또 시스템에 문제가 생겼을 때, 두 대의 서버 동작을 되돌아보기 위해 로그(동작 기록)를 대조했을 때 시계가 맞지 않으면 상호 관계를 파악하기 어려워진다.

NTP가 정확한 시각을 제공하는 원리

NTP로 시각 정보를 제공하는 것은 NTP 서버가 하는 일이다. NTP 서버는 UTC(협정 세계시: 한국 표준시 −9시간)로 나타낸 시각 정보를 송신한다. 통신에 걸리는 시간 차를 잘 예상하고 그 보정을 수행한다. 예를 들어 광 회선을 사용한 인터넷의 경우 국내 서버에 패킷을 보내 답장이 돌아올 때까지 일반적으로 10밀리초~수 십 밀리 초 정도 시간이 걸린다. 때문에 정확한 시각 정보를 얻으려면 이 보정이 매우 중요하다.

시각 정보를 제공하는 NTP 서버가 적으면 이곳에 액세스가 집중되어 부하가 많이 걸린다. 그래서 NTP 서버는 계층적인 구조를 취해서 이를 방지한다. NTP는 시각 정보 원천으로 보통 마이크로 초 오더의 정밀도를 갖고 있는 원자 시계나 GPS와 같은 타임 소스를 사용한다. 이를 Stratum 0으로 하고 이 타임 소스에 직접 연결된 서버를 Stratum 1로 한다. 이 수는 그다지 많지 않으므로 그 아래 계층에 Stratum 2 서버나 더 하위 계층에 Stratum 3 서버를 마련하여 다수의 컴퓨터에게 시각 정보를 송신한다.

네트워크에 연결된 컴퓨터에서 시계를 맞추는 일은 매우 중요하다

서버의 시계가 모두 다르면 로그 기록을 대조할 때 무슨 일이 일어났는지 모르게 된다.

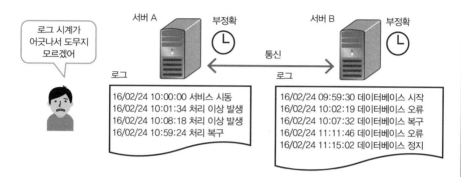

로그 시계가
어긋나서 도무지
모르겠어

서버 A   부정확

통신

서버 B   부정확

로그
16/02/24 10:00:00 서비스 시동
16/02/24 10:01:34 처리 이상 발생
16/02/24 10:08:18 처리 이상 발생
16/02/24 10:59:24 처리 복구

로그
16/02/24 09:59:30 데이터베이스 시작
16/02/24 10:02:19 데이터베이스 오류
16/02/24 10:07:32 데이터베이스 복구
16/02/24 11:11:46 데이터베이스 오류
16/02/24 11:15:02 데이터베이스 정지

NTP 서버는 계층 구조를 채택하고 있다

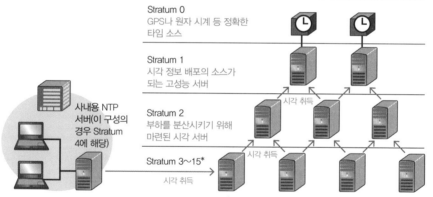

사내용 NTP
서버(이 구성의
경우 Stratum
4에 해당)

Stratum 0
GPS나 원자 시계 등 정확한
타임 소스

Stratum 1
시각 정보 배포의 소스가
되는 고성능 서버

Stratum 2
부하를 분산시키기 위해
마련된 시각 서버

시각 취득

Stratum 3~15*

시각 취득

시각 취득

*필요에 따라 부하를 분산하기 위해 마련된 시각 서버

빨라진 시계를 급하게 맞추면 앱 입장에서는 시간이 거꾸로 가는 것처럼 보인다

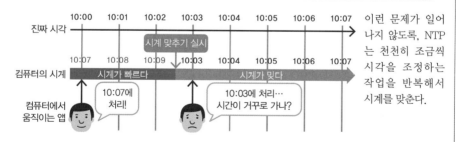

	10:00	10:01	10:02	10:03	10:04	10:05	10:06	10:07

진짜 시각

시계 맞추기 실시

10:07   10:08   10:09   10:03   10:04   10:05   10:06   10:07

컴퓨터의 시계   시계가 빠르다   시계가 맞다

컴퓨터에서
움직이는 앱

10:07에
처리!

10:03에 처리…
시간이 거꾸로 가나?

이런 문제가 일어
나지 않도록, NTP
는 천천히 조금씩
시각을 조정하는
작업을 반복해서
시계를 맞춘다.

관련
용어   UDP P.48 | 트러블 슈팅 P.192

5

네
트
워
크

서
비
스

10 HTTP 프록시

▮ 프록시의 개요

HTTP를 사용하여 인터넷 상의 웹 서버에 액세스할 때는 PC나 스마트폰과 서버가 직접 연결되어 요청이나 응답을 주고받는 것이 기본적인 형태이다. 일반 가정에서 Wi-Fi 라우터 등을 사용하는 경우는 거의 모두 이런 형태로 웹 서버에 액세스한다.

하지만 기업이나 단체와 같은 업무 네트워크에서는 각 PC가 인터넷 상의 웹 서버와 직접 통신하지 않고, 어떤 중계용 컴퓨터를 거쳐 인터넷과 통신하는 형태를 사용하는 경우가 있다. 이와 같이 중간에 들어가 통신 내용을 전달하는 컴퓨터를 일반적으로 프록시(proxy, '대행'이라는 뜻)라고 한다. 그중 웹 액세스에 사용하는 것은 HTTP를 전달한다는 뜻에서 HTTP 프록시라고 한다. 프록시는 각 PC에 설정할 것을 필요로 하는 것과, 특별히 설정하지 않아도 인터넷 액세스가 강제적으로 프록시를 경유하도록 만드는 것이 있다. 후자를 투과 프록시라고도 부른다.

▮ HTTP 프록시를 사용하는 이유

HTTP 프록시를 사용하면 사무실 내의 PC에서 웹으로 가는 모든 액세스를 프록시가 중개하게 된다. 이 말은 웹 서버에 대한 요청이나 응답에 대해 프록시가 어떤 형태로든 관여할 수 있다는 것을 의미한다.

이 특성을 살려 HTTP 프록시가 제공하는 기능이 바로 콘텐츠 캐시이다. 웹 서버의 응답을 저장해 두고 동일한 페이지에 액세스하는 사람에게는 프록시 내부에 저장해 둔 콘텐츠를 반환한다. 이렇게 하면 웹 페이지를 표시하기까지 걸리는 시간을 단축하거나 인터넷 연결 회선의 혼잡을 줄이는 효과를 기대할 수 있다. 또, 바이러스 검출이나 부정 침입 방지에도 HTTP 프록시가 도움이 된다. 그 외에 유해 사이트 차단도 HTTP 프록시에서 수행할 수 있다. 액세스하는 URL을 체크하여 유해 사이트인 경우는 실제로 액세스를 하지 않고 '액세스할 수 없음'이라는 응답을 반환한다.

● HTTP 프록시의 동작 이미지

HTTP 프록시를 사용하는 경우 PC는 프록시와만 통신하고 인터넷의 웹 서버와는 프록시가 통신한다.

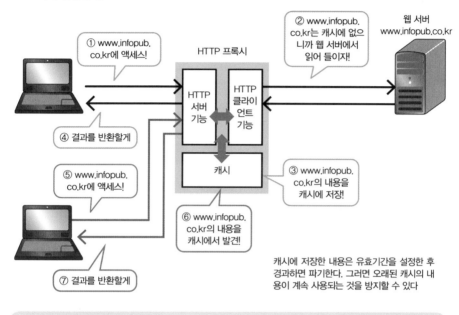

캐시에 저장한 내용은 유효기간을 설정한 후 경과하면 파기한다. 그러면 오래된 캐시의 내용이 계속 사용되는 것을 방지할 수 있다

● HTTP 프록시의 주요 기능

- 콘텐츠의 캐시
- 바이러스 검출 및 부정 침입 방지
- 유해 사이트 차단

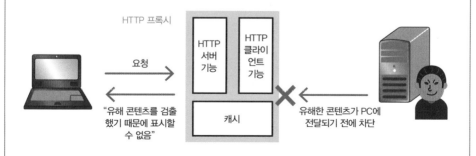

관련 용어 HTTP P.118 | 바이러스 P.152 | 부정 침입 P.150 | 콘텐츠 필터링 P.156

11 서비스 연계와 REST API

▊ 네트워크 경유로 기능을 호출한다

컴퓨터들을 네트워크로 연결하는 것이 당연시되는 지금은 뭔가 처리를 하고 싶을 때 다른 컴퓨터가 갖고 있는 기능을 자연스럽게 호출해서 사용할 수 있다. 예를 들어 인터넷 상의 어딘가에 있는 데이터베이스의 기능을 웹 서버에서 네트워크 경유로 호출해 데이터를 읽고 쓸 수 있는 것이다.

이러한 형태로, 네트워크 경유로 호출하여 사용하는 서비스를 제공하는 사업자 또는 그 서비스를 ASP(Application Service Provider)라고 한다. 지금은 이것을 클라우드 기술의 한 형태로 취급하여, SaaS나 PaaS로 부르는 경우도 있다.

▊ HTTP나 HTTPS를 사용하는 REST API

ASP나 SaaS/PaaS와 같은 기능을 네트워크를 통해 호출할 때 많이 사용되는 것이 HTTP나 HTTPS다. 이것들은 본래 웹 액세스를 위해 만들어진 프로토콜이지만, 심플하게 작동해 사용하기 쉽다는 이유로 네트워크를 통해 기능을 호출할 때도 널리 사용하게 되었다. 기본적으로 HTTP나 HTTPS의 요청과 응답 개념에 맞춰 필요한 파라미터를 첨부하여 요청을 보내고 결과를 응답으로 반환한다. 응답의 형태로는 XML(5-13 참조)이나 JSON("항목명:값"으로 나타낸 일련의 데이터를 {}로 묶은 것) 등이 사용된다. 이와 같이 HTTP나 HTTPS를 사용하여 네트워크를 통해 기능을 호출하고, XML이나 JSON으로 결과를 반환하는 스타일을 일반적으로 REST API(REpresentational State Transfer Application Programming Interface)라고 부른다. 본래 REST API라는 말에는 제대로 된 정의가 있지만, 요즘은 이러한 호출 방법을 사용하는 것을 폭넓게 REST API라고 부르는 경우가 많다.

또 REST API는 ASP나 SaaS/PaaS 뿐만 아니라 각종 SNS에도 마련되어 있는 경우가 있다. 이들을 사용하면 어떤 프로그램에서 SNS 사용자 정보 등을 읽어 들이는 일 등을 할 수 있다.

플러스 1 　 제대로 된 REST의 정의에 따른 API라는 것을 명시하고 싶은 경우, 'REST API'라고 하지 않고 'RESTful API'라고 표기하는 경우도 있다.

● 네트워크 경유로 기능을 호출한다

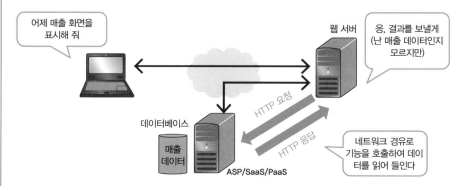

어제 매출 화면을
표시해 줘

웹 서버

응, 결과를 보낼게
(난 매출 데이터인지
모르지만)

데이터베이스

HTTP 요청

HTTP 응답

매출
데이터

ASP/SaaS/PaaS

네트워크 경유로
기능을 호출하여 데이
터를 읽어 들인다

● REST API란?

관용적으로는…

> HTTP를 사용하여 네트워크 경유로 기능을 호출하고, XML 형식이나 JSON 형식으로 결과를 반환하
> 는 스타일을 일반적으로 REST API라고 한다

제대로 된 정의는…

> • 상태를 갖지 않는 프로토콜이다
> • 정보를 조작하는 수단이 충분히 정의되어 있다
> • 리소스는 범용적인 구문으로 하나의 뜻으로 식별할 수 있다
> • 정보 안에 하이퍼미디어를 포함시킬 수 있다
>
> 위의 특성을 만족하는 API를 REST API라고 부른다

● SNS도 REST API를 공개하는 경우가 있다

SNS의 정보를 이용하는
앱이 들어 있는 서버

로그인/정보 읽기/투고

SNS 서비스의 서버

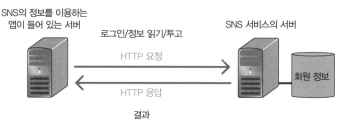

HTTP 요청

HTTP 응답

회원 정보

결과

관련
용어
HTTP P.118 | SaaS/PaaS P.112 | XML P.140

12 로드 밸런서

일반적으로 서버에는 처리 능력이 높은 컴퓨터를 사용하지만, 그럼에도 전부 처리하지 못할 정도로 대량의 액세스가 한 대의 컴퓨터에 집중되면 서버가 터져 액세스에 반응하지 못하거나 완전히 다운되는 경우가 있다.

이때 여러 대의 서버를 마련해 두고 몰려오는 액세스를 적절히 분산 할당할 수 있으면 좋을 것이다. 무엇보다 한 대 당 처리량이 크게 줄어들기 때문에 서버가 터지는 일을 방지할 수 있다. 그리고 한 대로는 다 처리하지 못하는 대량의 액세스를 적절히 처리할 수 있게 된다.

이런 운용법이 필요할 때 사용하는 '액세스를 여러 대의 서버로 분산'하기 위한 기기나 소프트웨어를 로드 밸런서라고 한다. 우리말로는 부하분산 장치라고도 한다. 로드 밸런서는 집중되는 액세스를 여러 대의 웹 서버로 분산하는 역할을 하며, 웹 서버와 함께 사용하는 경우가 많다. 또, 웹 서버 외에도 대량의 액세스를 처리할 필요가 있는 경우 각종 로드 밸런서를 사용하고 있다.

▋ 할당 방법과 고장 서버의 제외

로드 밸런서의 할당 방법(규칙)에는 몇 가지 종류가 있다. 가장 심플한 방법은 '각 서버에 차례대로 균등하게 할당'하는 라운드 로빈이다. '그때 연결 수가 가장 적은(비어 있는) 서버에 할당'하는 방법은 최소 연결 방식(least connection)이다. 그 외 미리 정해 놓은 가중치로 할당하거나, 연결 수의 증감 경향을 보고 앞으로 빌 것 같은 서버를 예측하여 할당하는 방식도 있다.

할당할 서버를 고를 때, '고장 중으로 보이는 서버에는 할당하지 않도록 함'으로써 만일 일부 서버가 고장나도 그 영향을 받지 않고 서비스를 계속 제공할 수 있다. 이것도 로드 밸런서의 장점 중 하나이다.

또한, 로드 밸런서가 할당을 위해 이용하는 정보가 레이어 4(TCP나 UDP)에 속하는지 레이어 7(HTTP 등)에 속하는지에 따라 L4 스위치 또는 L7 스위치라고 부르기도 한다.

플러스 1 　 첫 번째 액세스는 미리 정해둔 규칙에 따라 할당하고, 두 번째 이후는 첫 번째와 똑같은 서버에 할당하는 로드 밸런서의 기능을 퍼지 시스템이라고 한다. 할당할 서버가 매번 달라지면 곤란한 경우에 사용한다.

● **로드 밸런서를 사용하여 부하를 여러 서버로 분산시킨다**

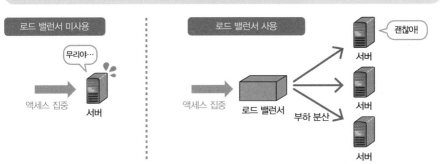

● **대표적인 할당 방식**

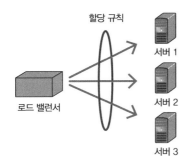

라운드 로빈

서버 1 → 서버 2 → 서버 3 → 서버 1 → 서버 2 …와 같이 순서대로 각 서버에 균등하게 할당한다

최소 연결 방식(least connection)

그때 그때 연결 수가 가장 적은(비어 있는) 서버에 할당한다

이 외에도 미리 정해 놓은 가중치로 할당, 연결 수의 증감 경향 등을 보고 앞으로 빌 것 같은 것을 예측하여 할당, 서버의 처리 부하가 가벼운 것에 할당 등 각종 규칙이 있다.

● **일부 서버가 고장나도 서비스를 계속 제공할 수 있다**

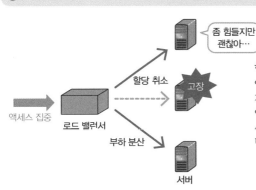

할당할 서버의 고장이 검출되면 해당 서버에 대한 할당을 취소하고 정상적인 서버에게만 할당하면서 동작을 계속한다.
이렇게 함으로써 고장의 영향을 받지 않고 서비스를 계속 제공할 수 있다(단, 정상 서버의 부하가 올라간다).

관련
용어   공개 서버 P.178

13 HTML의 구조와 XML

▐ HTML의 개요

HTML(HyperText Markup Language)은 웹에서 사용하는 문서를 기술하기 위한 언어이다. 태그라는 마크를 사용함으로써 텍스트 파일 안에 '이 부분은 이런 이런 정보가 쓰여 있다'라는 것을 나타낸다. 이와 같은 언어를 일반적으로 마크업 언어라고 한다. 태그는 〈요소명〉과 같은 형식으로 기술하고, 종료를 나타낼 필요가 있는 것은 〈요소명〉~〈/요소명〉과 같은 형식으로 해당 부분을 태그로 둘러싼다. 대표적인 태그로 〈title〉(페이지의 제목 지정), 〈h1〉(헤드라인), 〈img〉(이미지 표시), 〈a〉(링크) 등이 있다. 이들을 적절히 조합하여 기술해 웹 브라우저 등에서 표시되는 HTML 파일을 만든다.

HMTL을 만드는 규칙은 비교적 느슨하다. HTML과 매우 비슷한 것으로 XML(Extensible Markup Language)이 있는데, 이것은 마크업 언어를 정의하기 위한 범용적인 규칙을 정한 것으로 쓰는 방법의 규칙이 엄격히 정해져 있다.

▐ HTML과 HTTP의 관계

여러분은 평소에 문자와 사진이 같이 있는 웹 페이지를 많이 볼 것이다. 이를 표시하려면 HTML 파일 안에 〈img〉 태그로 '여기에 사진을 표시한다'라는 지시를 써 두고 해당 HTML 파일과 별도로 사진 파일을 마련해 둬야 한다. 즉, HTML 파일과 사진 파일을 따로따로 준비해야 하는 것이다.

사진을 웹 서버에 저장해 두고 웹 브라우저에서 표시할 때는, 먼저 웹 브라우저가 HTTP 요청으로 HTML 파일을 하나 읽어 들인다. 파일 속 내용을 분석하여 사진을 표시하는 지시가 포함되어 있다는 것을 알고, 다시 HTTP 요청을 하여 지정된 사진 파일을 하나 읽어 들인다. 그리고 마지막으로 사진이 들어가야 할 위치에 사진을 끼워 넣어 표시한다. HTTP 요청은 한 번에 하나의 요소만 추출하기 때문에 이 과정을 여러 번 반복하여 여러 개의 표시 요소를 읽어 들이게 된다.

● HMTL의 형식

HTML 파일은 텍스트 안에 HTML 태그를 심어 넣은 구조로 되어 있다.

```
<!DOCTYPE html>
<html lang="ko">
<head>
<title>책 소개</title>
</head>
<body>
<h1>한 권으로 전부 파악하는 네트워크의 기본</h1>
<p>실무에 활용할 수 있는 지식을 확실히 알 수 있다</p>
<p>앞으로 공부할 사람에게 필요한 최상의 한 권</p>
</body>
</html>
```

태그에는 시작 태그와 종료 태그가 있는데, 요소명의 종류에 따라 다음 두 가지 형식을 사용한다

시작 태그

<요소명>

시작 태그   종료 태그

<요소명> ~ </요소명>

태그의 예 태그를 비롯한 HTML 기술 방법은 WHATWG가 제정하는 HTML Living Standard에 규정되어 있다.

요소명(태그명)	의미
html	HTML의 시작과 종료를 나타낸다
head	헤더 부분(각종 정보를 저장)을 나타낸다
title	페이지 제목
body	본문 부분(표시 내용을 저장)을 나타낸다
h1	헤드라인
img	이미지 표시

요소명(태그명)	의미
a	링크
br	줄 바꿈
div	블록
form	입력 폼
table	표

● 사진이 있는 웹 페이지가 표시되는 과정

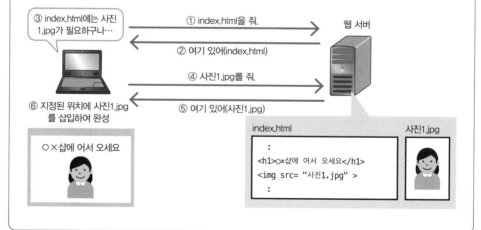

③ index.html에는 사진 1.jpg가 필요하구나…

① index.html을 줘.

② 여기 있어(index.html)

④ 사진1.jpg를 줘.

⑤ 여기 있어(사진1.jpg)

⑥ 지정된 위치에 사진1.jpg 를 삽입하여 완성

○×샵에 어서 오세요

웹 서버

index.html

```
  :
<h1>○×샵에 어서 오세요</h1>
<img src= "사진1.jpg" >
  :
```

사진1.jpg

관련 용어 HTTP P.118 | 웹 기술 P.116

14　문자 코드

▦ 문자 정보와 문자 코드

컴퓨터가 다룰 수 있는 데이터는 구조적인 수치로 한정된다. 그럼에도 불구하고 우리가 컴퓨터로 메일을 읽고 쓰고 워드로 문서를 작성, 저장할 수 있는 이유는 수치와 문자를 대응시킨 문자 코드가 정의되어 있기 때문이다. 통신할 때나 컴퓨터 안에서 뭔가를 처리하고 저장할 때 문자 정보는 문자에 대응하는 수치의 모음으로 다루어진다. 이처럼 문자에 대응시킨 수치를 문자 코드라고 한다.

반각으로 나타낼 수 있는 알파벳, 숫자, 기호는 문자 코드로 1바이트의 값(0~127)이 할당되어 있다. 줄 바꿈이나 삭제를 의미하는 제어 문자도 이 범위 안에 포함된다. 이 대응은 기본적인 문자 코드로, 컴퓨터가 만들어진 당시부터 사용됐으며 일반적으로 ASCII(아스키) 코드라고 한다. 이 외에 일본어의 가타카나나 유럽 언어 등도 1바이트의 값(반각)으로 나타낼 수 있는데, 이 경우 ASCII 코드에서 사용되지 않는 범위(128~255, 확장된 ASCII 코드라 함)가 이런 목적으로 사용된다.

▦ 한글 등의 문자 코드

컴퓨터가 한글을 다룰 때는 문자의 수가 너무 많아 1바이트로 나타낼 수 있는 범위 (0~255)로는 모든 한글을 나타낼 수 없다. 우리나라뿐만 아니라 적지 않은 나라에서 한자와 같은 알파벳 이외의 문자를 컴퓨터에서 다뤄야 한다. 이런 문자에 대해서는 2바이트 이상의 값을 문자 코드로 할당하는 것이 일반적이다. 이러한 문자를 멀티바이트 문자라고 부르기도 한다.

한글을 나타내는 문자 코드(통칭, 한글 코드)에는 몇 가지 종류가 있어, 목적이나 수단에 따라 구분해서 사용한다. 대표적인 것으로 KS5601, EUC-KR, CP949, UTF-8 등이 있다. 통신이나 파일 교환을 할 때는 송신자와 수신자가 동일한 문자 코드를 사용해야 한다. 그렇지 않으면 암호처럼 내용을 읽을 수 없는 '문자 깨짐' 현상이 일어난다.

● **1바이트로 나타낼 수 있는 문자 코드(ASCII 코드 + 확장된 ASCII 코드)**

Network ➡ | 4E | 65 | 74 | 77 | 6F | 72 | 6B |

16진수 상위	16진수 상위	0	1	2	3	4	5	6	7	8	9	A	B	C	D	E	F
16진수 상위	10진수	+0	+1	+2	+3	+4	+5	+6	+7	+8	+9	+10	+11	+12	+13	+14	+15
0	0	NUL	SOH	STX	ETX	EOT	ENQ	ACK	BEL	BS	HT	LF	VT	FF	CR	SO	SI
1	16	DLE	DC1	DC2	DC3	DC4	NAK	SYN	ETB	CAN	EM	SUB	ESC	FS	GS	RS	US
2	32		!	"	#	$	%	&	'	(	)	*	+	,	−	.	/
3	48	0	1	2	3	4	5	6	7	8	9	:	;	〈	=	〉	?
4	64	@	A	B	C	D	E	F	G	H	I	J	K	L	M	N	O
5	80	P	Q	R	S	T	U	V	W	X	Y	Z	[	\	]	^	_
6	96	`	a	b	c	d	e	f	g	h	i	j	k	l	m	n	o
7	112	p	q	r	s	t	u	v	w	x	y	z	{			}	~	DEL

※파란 배경은 제어 문자를 나타낸다(BS=1문자 백스페이스, LF=줄 바꿈 등)
※한글을 취급하는 환경에서는 \를 ₩로 표시하는 것이 일반적이다

● **주요 한글 코드와 용도**

명칭	주요 용도
UTF-8	웹 사이트, 이메일, Windows/Mac/Unix의 파일(유니코드)
CP949	Windows의 파일, 웹 사이트(완성형 한글)
EUC-KR	Unix의 파일, 웹 사이트(완성형 한글)

※최근에는 UTF-8을 이용하는 경우가 늘고 있다

관련 용어 HTML P.140 | 이메일 P.122

컴퓨터는 정보를 어떻게 나타낼까?

'컴퓨터는 0과 1만 다룰 수 있다'라는 말을 들어본 적이 있을 것이다. 하지만 우리가 매일 보는 컴퓨터는 문자, 사진, 동영상, 음악, 음성 등 모든 것을 다루고 있다. 0과 1만 다룰 수 있다는 건 옛날의 컴퓨터라서 그렇다고 생각하는 사람도 있겠지만 사실은 그렇지 않다. 옛날이든 지금이든 컴퓨터가 내부에서 0과 1만 다룰 수 있다는 사실은 변하지 않았다.

이 0과 1은 컴퓨터 안에서 0=전류가 흐르지 않는 상태, 1=전류가 흐르고 있는 상태라는 형태로, 물리적인 현상에 대응한다. 이와 같은 대응 관계에 있다면 한 줄의 전선을 사용하여 0과 1을 나타낼 수 있다. 그렇다면 전선을 네 줄로 늘리면 어떻게 될까? 한 줄의 전선으로는 0과 1만 나타낼 수 있었지만 똑같은 것을 네 줄 늘어놓으면 0과 1의 전체 조합은 16가지가 된다. 즉 0과 1만 나타낼 수 있는 전선을 네 개 사용함으로써 16가지의 조합을 나타낼 수 있는 것이다. 그리고 컴퓨터는 이런 조합을 수로 판단하고 있는 것이다.

이때의 0과 1을 나열하는 조합은 이진수라는 수를 나타내는 방법과 그대로 대응한다. 선이 여덟 줄이면 256가지의 조합이 만들어지고 이것은 숫자 0~255에 해당한다. 보통 일상 생활에서는 잘 쓰지 않는 이진법이지만 컴퓨터가 수를 취급할 때 기본적인 개념으로 매우 중요한 역할을 하고 있다.

그렇다면 문자, 사진, 동영상, 음성 등은 컴퓨터에서 어떻게 다루는 것일까? 대답은 '이런 정보를 수치로 변환하여 다룬다'이다. 어떤 정보든 그것을 수치로 나타낼 수 있다면 컴퓨터는 그 정보를 다룰 수 있다. 사진의 경우 한 장의 사진을 작은 그물망으로 구분하여 각각의 칸에 대해 빨간색, 초록색, 파란색의 밝기 값으로 색을 나타낸다. 동영상은 사진을 책 모서리 만화처럼 만들면 컴퓨터가 다룰 수 있다. 음악이나 음성의 경우는 해당 신호 파형의 높낮이를 수치로 만들어 일정한 주기로 모으면 그 음의 디지털 데이터가 된다.

네트워크 보안

네트워크를 안전하게 이용하기 위해 필수불
가결한 보안. 이 장에서는 보안 유지에 대해
알아 두어야 할 개념, 기술, 대책을 다룬다.
최근 세상을 떠들썩하게 했던 표적형 공격에
대해서도 다룬다.

01 정보 보안의 3대 요소

정보를 취급하는 네트워크나 시스템은 보안에 충분한 주의를 기울여야 한다. 정보에 대한 보안을 정보 보안이라고 한다. 정보 보안에는 기밀성(Confidentiality), 안전성(Integrity), 가용성(Availability)의 세 가지 요소가 있으며 이들을 균형있게 유지해야 한다.

기밀성이란 허가를 받은 사람만이 정보를 이용할 수 있고 그 외의 사람에게 유출하지 않는 성질이다. 이 성질을 위협하는 것(위협)으로는, 네트워크의 경우 도청 등이 있으며 컴퓨터의 경우는 본체나 USB 메모리의 도난 또는 부정 액세스로 인한 정보 유출 등이 있다. 안전성이란 정보가 본래 내용으로 유지되고 있는 성질이다. 기밀성이 지켜져도 그 내용이 올바르지 않으면 정보의 가치가 없어진다. 이 성질에 대한 위협으로는, 네트워크의 경우 통신 도중에 정보가 변조되는 일 등이 있고 컴퓨터의 경우는 부정 액세스로 인한 변조, 하드디스크 고장으로 인한 데이터 결손, 인위적인 오수정, 오삭제 등이 있다. 가용성이란 정보가 적절히 사용할 수 있는 상태에 있는 성질이다. 기밀성과 안전성을 지키고 싶다는 이유로 정보를 금고 깊숙이 넣어두기만 하는 것은 아무 의미가 없다. 정보는 필요에 따라 적절히 이용할 수 있어야 가치가 있는 것이다. 이 성질에 대한 위협으로는, 네트워크의 경우 액세스를 집중시켜 서비스 정지를 노리는 DoS 공격 등이 있으며 컴퓨터의 경우는 시스템 고장이나 정전 등을 들 수 있다.

▇ 위협, 취약성, 리스크, 관리 대책

정보에 대해 위의 세 가지 요소를 적절히 유지해야 하는데 이를 방해하는 각종 '리스크'가 존재한다. 그리고 리스크의 정도는 '위협'과 '취약성'의 정도를 결정한다. 위협은 어떤 위해를 줄 우려가 있는 요인을 말한다. 취약성은 위협에 대한 내재적인 약점을 말한다. 그리고 위협이 취약성을 뚫고 위해를 받을 가능성이 '리스크'이다. 리스크를 줄이기 위한 구체적인 대책을 '관리 대책'이라고 한다.

● 정보 보안의 3대 요소

기밀성
Confidentiality

허가를 받은 사람만이 정보를 이용할 수 있다

안전성
Integrity

정보가 본래의 내용으로 유지되고 있다

가용성
Availability

정보가 적절히 사용할 수 있는 상태로 되어 있다

세 가지의 머리글자를 따서 정보 보안의 "CIA"라고 부른다.

● 위협, 취약성, 리스크, 관리 대책의 관계

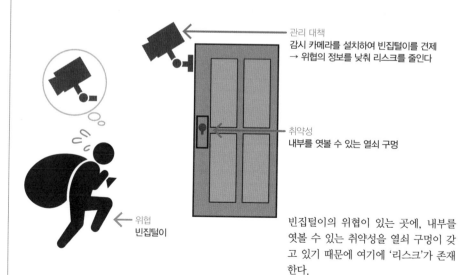

관리 대책
감시 카메라를 설치하여 빈집털이를 견제
→ 위협의 정보를 낮춰 리스크를 줄인다

취약성
내부를 엿볼 수 있는 열쇠 구멍

위협
빈집털이

빈집털이의 위협이 있는 곳에, 내부를 엿볼 수 있는 취약성을 열쇠 구멍이 갖고 있기 때문에 여기에 '리스크'가 존재한다.

관련 용어 관리 대책 P.166 | 보안 정책 P.166

6
네트워크 보안

02 암호화와 전자증명서

인터넷은 많은 네트워크들의 연결로 구성되어 있기 때문에 '통신 전반에 걸쳐 네트워크를 훔쳐볼 수 없다는 것'을 보증하기 힘들다. 그래서 혹시 누군가가 통신을 훔쳐봐도 괜찮도록, 중요한 정보는 암호화하여 통신한다. 정보를 암호로 만들 때(암호화)나 암호로 만든 정보를 원래대로 되돌릴 때(복호화)는 '암호 알고리즘'(암호 계산의 절차를 정해 놓은 것)과 '암호키'를 사용한다. 암호키는 비밀번호와 같은 것으로, 엄중하게 관리해 둘 필요가 있다.

▌ 공통키 암호와 공개키 암호

암호화 방식 중 데이터의 암호화와 복호화에 똑같은 키를 사용하는 것을 공통키 암호라고 한다. 공통키 암호는 비교적 적은 계산으로 끝나는 것이 특징이다. 하지만 암호화한 정보를 전달한 상대에게 복호화를 위한 키를 어떻게 전달해야 할지가 문제가 된다. 인터넷이 안전하지 않아 암호화하여 보내는데, 이를 복호화하는 키를 인터넷으로 보내면 아무 의미가 없다. 이 문제를 해결한 것이 공개키 암호이다.

공개키 암호에서는 짝이 되는 '공개키'와 '비밀키'라는 두 개의 키를 사용한다. 공개키는 다른 사람에게 알려줘도 좋은 키이고 비밀키는 자신만이 사용할 수 있는 키이다. 공개키 암호를 사용할 때 데이터를 보내고 싶은 사람은 먼저 수취인의 공개키를 알려달라고 요구한다. 그 다음 그것을 사용하여 데이터를 암호화하여 보낸다. 수취인은 그렇게 해서 수취한 암호화 데이터를 자신의 비밀키를 사용하여 복호화한다. 이 방법을 사용하여 공통키 자체를 상대에게 보내면 앞에서 나온 '공통키를 안전하게 전달'하는 문제가 해결되는 것이다. 공개키 암호는 계산량이 많기 때문에 안전하게 공통키를 전달한 후에는 가능한 한 공통키 암호를 사용함으로써 처리 효율을 향상시킬 수 있다.

▌ 전자증명서

악의나 실수로 공개키가 다른 사람의 것으로 바뀌어 버리면 암호화한 데이터는 수령인 본인이 복호화할 수 없고 다른 사람이 복호화할 수 있게 되어 버린다. 이를 막기 위해 본인의 이름이나 이메일 주소와 공개키를 세트로 하여 신뢰할 수 있는 사람이 디지털 서명(변조 방지 장치)을 실시한 것을 전자증명서라고 한다. 전자증명서를 사용하면 상대의 올바른 공개키를 입수할 수 있다.

> **플러스 1** 디지털 서명은 대상 문서의 다이제스트값(문서 내용으로 계산하는 값으로, 변조되면 크게 바뀜)을 자신의 비밀키로 암호화한 것이다. 변조 검출과 본인 확인이 가능하다.

정보 보안의 3대 요소

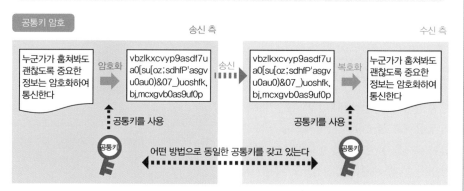

공통키 암호

송신 측 / 수신 측

누군가가 훔쳐봐도 괜찮도록 중요한 정보는 암호화하여 통신한다 → 암호화 → vbzlkxcvyp9asdf7ua0[su[oz;sdhfP'asgvu0au0)&07_)uoshfk,bj,mcxgvb0as9uf0p → 송신 → vbzlkxcvyp9asdf7ua0[su[oz;sdhfP'asgvu0au0)&07_)uoshfk,bj,mcxgvb0as9uf0p → 복호화 → 누군가가 훔쳐봐도 괜찮도록 중요한 정보는 암호화하여 통신한다

공통키를 사용 / 공통키를 사용

공통키 ← 어떤 방법으로 동일한 공통키를 갖고 있다 → 공통키

공개키 암호

송신 측 / 수신 측

누군가가 훔쳐봐도 괜찮도록 중요한 정보는 암호화하여 통신한다 → 암호화 → hx0giasbfk,o;qlkvb-kashpisad@hfkkasgb-vbliwhidihasdfvp2ig-hio452oflm23rijoa → 송신 → hx0giasbfk,o;qlkvb-kashpisad@hfkkasgb-vbliwhidihasdfvp2ig-hio452oflm23rijoa → 복호화 → 누군가가 훔쳐봐도 괜찮도록 중요한 정보는 암호화하여 통신한다

공개키를 사용 / 비밀키를 사용

공개키 ← 상대의 공개키를 미리 받아 둔다 → 공개키 비밀키 짝

전자증명서의 이미지

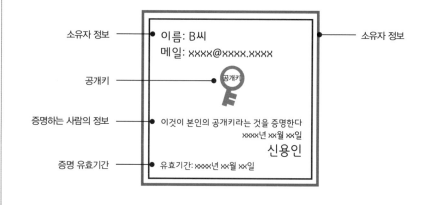

소유자 정보 ———— 이름: B씨
메일: xxxx@xxxx.xxxx ———— 소유자 정보

공개키 ———— 공개키

증명하는 사람의 정보 ———— 이것이 본인의 공개키라는 것을 증명한다
xxxx년 xx월 xx일
신용인

증명 유효기간 ———— 유효기간: xxxx년 xx월 xx일

관련 용어 SSH P.128 | SSL/TLS P.120

03 부정 침입 방지

▌▌ 부정 침입이란?

부정 침입이란 시스템이 안고 있는 취약성이나 설정 미비 등을 노리고, 정식 액세스 권한이 없음에도 불구하고 사내 네트워크 또는 컴퓨터에 들어가는 것이다. 들어간 후에는 다양한 수단을 동원해 시스템을 변조하거나, 기밀 정보를 훔쳐보거나 각종 정보를 삭제, 수정 또는 스팸 메일의 발신원으로 악용, DoS(서비스 방해) 공격의 시작점으로 악용하는 등의 일을 한다. 이런 것들은 피해자 본인뿐만 아니라 다른 사람에게도 피해를 입힐 우려가 있다. 사내 네트워크나 컴퓨터에 침입하는 경로로는 인터넷이나 공중망과의 연결 포인트 등을 들 수 있다. 그 외에 물리적으로 사무실에 들어가 네트워크에 연결하거나 무선 LAN을 부정으로 사용하는 수법도 생각할 수 있다. 부정 침입을 막는 대책은 침입 대상이나 수법에 따라 조금씩 다르다.

▌▌ 부정 침입 대책이 필요한 이유

부정 침입에 대처해야 하는 이유를 무단 가택 침입으로 비유해 생각하면 좋을 것이다. 대부분의 사람이 집 안은 안전하다고 생각해, 보험증이나 신용카드를 방치해 두거나 가족이나 연인의 사진을 걸어 두고, 기밀 정보나 개인 정보를 여기저기 놓아두곤 한다. 이렇게 안전하다고 생각해 마음놓고 있는 공간에 악의를 가진 사람이 침입해 오면 그때 발생하는 피해는 저절로 커지기 마련이다. 평소에도 집 안에서 중요한 물건을 방심하지 않고 잘 간수해 두면 좋겠지만 이를 철저히 지키는 일은 생각보다 힘들다. 그렇다면 '가장 먼저 해야 할 제일 중요한 일은 무단으로 침입할 수 없도록 하는 것. 이를 위해서 몇 가지 대책을 마련해 두자. 그리고 만일에 대비해 중요한 물건은 집 안에서도 튼튼한 금고에 넣어 두자.'와 같은 결론에 이르는 것이 자연스러울 것이다. 이런 개념은 조직의 네트워크나 컴퓨터에도 똑같이 통한다. 외부에서 오는 부정 침입을 막기 위해 몇 가지 대책을 마련함과 동시에 내부에 있는 시스템에서도 만반의 대책을 시행하고, 직원들의 보안 의식을 향상시킬 필요가 있다.

● 부정 침입이란 취약성이나 보안이 미비한 곳을 뚫고 침입하는 것이다

인터넷 등

생각할 수 있는 부정 침입의 경로

- 인터넷 등 네트워크를 통해
- 물리적으로 사무실에 침입하여
- 무선 LAN을 부정으로 사용하여 등

● 침입을 예상하지 못했던 집에 혹시 침입했다면

관련
용어   정보 보안 P.146

04 부정 프로그램

컴퓨터나 네트워크 기기에 대해 어떤 악의를 품고 위해를 가하는 소프트웨어를 통틀어서
부정 프로그램 또는 멀웨어라고 한다. 주요 부정 프로그램으로 다음과 같은 것이 있다.
하지만 최근에는 여러 기능이 합쳐진 것이 많아 그 경계가 모호하다.

(1) 바이러스
메일, USB 메모리나 CD-ROM/DVD와 같은 매체 또는 웹 액세스 등을 통해 감염되며,
자가 증식 기능을 갖고 있다. 바이러스는 파일을 감염시키고 다른 컴퓨터로 감염을 확대
시킨다. 바이러스 피해로는 컴퓨터의 원격 조작을 위한 뒷문 설치, 탈취, 파일 훔쳐보기,
외부 연결, 키 조작 기록, 시스템 파괴 등이 있다.

(2) 웜
바이러스와 달리 감염시킨 파일(숙주)을 필요로 하지 않고 단독으로 활동한다. 자가 증식
기능을 갖고 있으며 네트워크 연결, 메일, USB 메모리를 매개로 자율적으로 다른 컴퓨터
로 감염을 확대시킨다. 바이러스와 똑같은 피해를 일으키는 한편, 스팸 메일을 송신하거
나 다른 멀웨어에 들어가는 경우도 있다.

(3) 트로이 목마
주로 인기 앱을 가장하는 형태로 컴퓨터에 침투하며, 자가 증식 기능은 갖고 있지 않다.
바이러스와 똑같은 피해를 일으키는 한편, 다른 멀웨어에 들어가는 경우도 있다.

(4) 스파이웨어
앱 등에 포함되어 있어 앱을 설치하면 자기도 모르는 사이에 같이 설치되는 것이 일반적
이다. 자가 증식 기능은 없으며 트로이 목마의 일종이라 할 수 있다. 일으킬 수 있는 피해
로는 파일 훔쳐보기, 키 조작 기록과 송신 등이 있다. 컴퓨터에 대해 스파이 행위를 하는
부정 프로그램이다.

그 외에도 파일을 이용할 수 없게 만들고 몸값을 요구하는 랜섬웨어나, 강제적으로 광고
를 표시하거나 스파이 행위를 하는 일부 애드웨어가 있다.
부정 프로그램의 형태는 매일 진화하고 있어, 악의를 가진 사람과 컴퓨터 이용자가 쫓고
쫓기는 상황을 연출한다. 만전의 대책이라는 것은 없지만 피해를 입지 않기 위해 최소한
오른쪽 페이지에 나열한 일곱 가지는 조심해야 한다.

플러스 1　대부분의 부정 프로그램은 OS나 앱에 남아 있는 약점을 노리기 때문에 평소에 업데이트를 적용하여 최신 상태
를 유지하는 것이 중요하다. 지원이 중단된 OS는 사용을 중단하기 바란다.

● **부정 프로그램(멀웨어)의 주요 분류**

6

네트워크 보안

명칭	감염 경로	자가 증식	파일 감염 확대	주요 피해
바이러스	메일, 저장 매체, 웹 액세스 등	함	함	뒷문 설치, 탈취, 파일 훔쳐보기, 외부 연결, 키 조작 기록, 시스템 파괴 등
웜	네트워크 연결, 메일, 저장 매체 등	함	하지 않음	시스템 정지, 파일 훔쳐보기, 스팸메일 송신, 탈취, 다른 멀웨어 편입 등
트로이 목마	앱, 메일, 저장 매체, 웹 액세스 등	하지 않음	-	뒷문 설치, 탈취, 파일 훔쳐보기, 외부 연결, 키 조작 기록, 시스템 파괴 등
스파이 웨어	앱, 메일, 저장 매체, 웹 액세스 등	하지 않음	-	파일 훔쳐보기, 키 조작 기록 등

● **바이러스와 웜의 차이**

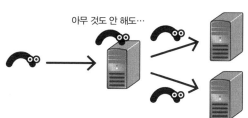

바이러스

• 파일을 매개로 감염
• 자가 증식하여 감염 확대

첨부 파일을 열었더니…

웜

• 매개체 없이 자율적으로 감염
• 자가 증식하여 감염 확대

아무 것도 안 해도…

● **부정 프로그램의 피해를 입지 않기 위한 일곱 가지 조항**

• 모르는 사람이 보낸 메일을 열지 않는다
• 부주의하게 첨부 파일을 열지 않는다
• 수상한 웹 사이트에 액세스하지 않는다
• 출처가 불분명한 USB 메모리나 CD-ROM/DVD를 사용하지 않는다
• OS나 앱을 정기적으로 업데이트한다
• 안티바이러스(컴퓨터 백신)를 도입하여 정기적으로 갱신한다
• 보안을 위한 규칙을 정한다

관련 용어 HTTP 프록시 P.134 | 보안 방침 P.166 | 안티바이러스 P.156

05 방화벽과 DMZ

사무실이든 가정이든 네트워크를 인터넷에 연결할 때는 방화벽이 필수이다. 방화벽은 전용 장치로 독립되어 있는 것과 라우터 등에 기능으로 내장되어 있는 것이 있다. 일반적으로 중~대규모 네트워크에서는 전용 장치를 사용하고, 소규모 네트워크나 가정에서는 라우터의 내장 기능을 사용하는 경우가 많다.

▐▋ 방화벽의 동작

방화벽에는 몇 가지 동작 방식이 있는데, 여기서는 가장 널리 사용되는 패킷 필터형을 중심으로 설명하겠다. 패킷 필터형 방화벽은 인터넷과 내부 네트워크의 경계에 설치하여 패킷의 IP 주소와 포트 번호를 조건으로 통신을 허가 또는 거부한다. OSI 참조 모델로 설명하자면 네트워크 계층(IP)과 전송 계층(TCP나 UDP)의 조건을 바탕으로 통신을 제어하는 것이다. 보통 내부 네트워크에서 인터넷에 연결할 때는 비교적 느슨하게 허가한다. 반대로 인터넷에서 내부 네트워크로 연결해 올 때는 부정 침입을 막기 위해 거의 완전히 차단한다. 방화벽에서 통과시킬지 차단할지의 판단을 항상 고정된 조건으로 수행하는 것을 정적 필터링이라고 한다. 이에 반해 통신의 진행 상황에 따라 시시각각 조건을 바꿀 수 있는 것을 동적 필터링이라고 한다. 또, 동적 필터링 중 TCP 프로토콜의 정상적인 동작과 일치하는지 체크하는 것을 스테이트풀 인스펙션(Stateful Inspection)이라고 하는데, 이기능을 지원하는 방화벽이 더욱 안전하다고 할 수 있다.

▐▋ DMZ란?

방화벽 중에는 DMZ 기능을 갖고 있는 것이 있다. DMZ란 인터넷에 완전히 노출되어 있는 상태와 내부 네트워크처럼 완전히 보호되어 있는 상태의 딱 중간적인 보호 상태인 네트워크를 말한다. 이 DMZ에는 웹 서버나 메일 서버와 같이 외부에 공개하는 서버를 설치한다. 이런 서버들은 적당한 보호 아래 인터넷 사용자의 액세스를 접수받는다.

방화벽의 연결 이미지

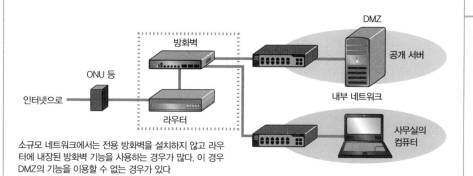

소규모 네트워크에서는 전용 방화벽을 설치하지 않고 라우터에 내장된 방화벽 기능을 사용하는 경우가 많다. 이 경우 DMZ의 기능을 이용할 수 없는 경우가 있다

방화벽(패킷 필터형)의 원리

필터 조건 이미지(실제로는 좀 더 많은 항목을 설정한다)

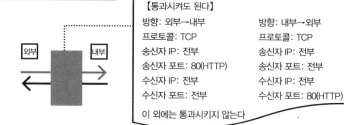

【통과시켜도 된다】

방향: 외부→내부	방향: 내부→외부
프로토콜: TCP	프로토콜: TCP
송신자 IP: 전부	송신자 IP: 전부
송신자 포트: 80(HTTP)	송신자 포트: 전부
수신자 IP: 전부	수신자 IP: 전부
수신자 포트: 전부	수신자 포트: 80(HTTP)

이 외에는 통과시키지 않는다

DMZ는 인터넷으로부터 오는 연결을 허가한다

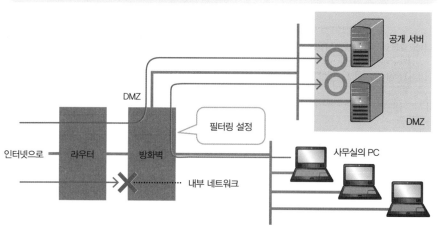

관련
용어 IP 주소 P.56 | TCP P.50 | 공개 서버 P.178 | 포트 번호 P.58

06 안티바이러스와 콘텐츠 필터링

▐ 안티바이러스란?

안티바이러스는 주로 메일에 첨부되어 보내오는 바이러스나 스파이웨어 등을 검출하여 제거하는 서비스 또는 소프트웨어를 말한다. 백신 소프트웨어, 바이러스 대책 소프트웨어라고도 부른다. 안티바이러스의 기능은 메일 서버나 PC 또는 그 둘 다에 적용시킬 수 있다. 메일 서버에 적용하는 경우는 보통 이용자가 따로 설정을 고려할 필요가 없다. 메일에 바이러스가 검출되면 대부분의 경우 자동으로 구제(경우에 따라서는 메일 삭제)하여 수신함의 안전성을 유지시킨다. PC에 안티바이러스 기능을 적용하려면 OS 탑재 보안 기능을 사용하거나 보안 소프트웨어를 설치한다. 요즘의 보안 소프트웨어는 안티바이러스 기능 외에 방화벽 기능, 콘텐츠 필터링 기능 등을 같이 갖고 있는 것이 일반적이다. 메일 서버와 PC 모두에 안티바이러스를 작동시키면 검출 경향이나 검출 정밀도가 다른 것을 병용할 수 있어 안전성이 향상된다. 그러나 한 대의 PC에 두 종류의 안티바이러스를 설치할 수는 없다. 안티바이러스 제품이 부정 프로그램을 검출하는 방법은 크게 두 가지로 나뉜다. 바이러스의 특징을 기록한 패턴 파일과 대조하는 시그니처 방식과 안전한 상태에서 바이러스를 작동시켜보고 움직임을 조사하는 휴리스틱 방식이다. 안티바이러스는 보통 이 둘을 조합하여 사용한다.

▐ 콘텐츠 필터링이란?

콘텐츠 필터링은 지정 조건에 부합하는 웹 콘텐츠의 열람을 제한하는 기능이다. 조직에서 업무와 관계없는 사이트에 대한 액세스를 금지하거나 가정에서 아이가 유해 사이트에 접근하는 것을 막기위해 사용한다. 콘텐츠 필터링에는 주로 두 가지 방식이 사용된다. 웹 사이트의 URL을 지정하는 방식과, 콘텐츠에 포함되어 있는 키워드를 지정하는 방식이다. URL을 바탕으로 제한을 거는 경우 액세스해도 좋은 사이트를 지정하는 것을 화이트 리스트형, 액세스를 금지하는 사이트를 지정하는 것을 블랙리스트형이라고 한다.

플러스 1 ┃ Windows에 표준 탑재되어 있는 보안 소프트웨어인 Microsoft Defender는 타사 제품의 보안 소프트웨어가 설치되면 자동으로 오프가 되어 병용으로 인한 지장이 생기지 않도록 해준다.

● **서버와 PC 둘 모두에 안티바이러스 기능이 있으면 가장 좋다**

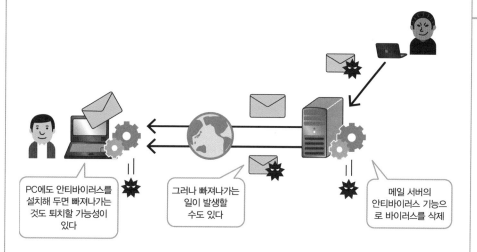

PC에도 안티바이러스를 설치해 두면 빠져나가는 것도 퇴치할 가능성이 있다

그러나 빠져나가는 일이 발생할 수도 있다

메일 서버의 안티바이러스 기능으로 바이러스를 삭제

● **한 대의 PC에 두 개 이상의 안티바이러스를 넣으면 안 된다**

A사 안티바이러스 제품

B사 안티바이러스 제품

● **콘텐츠 필터링의 주요 방식**

URL로 제한

지정한 URL과 일치 또는 그것을 일부분 포함하는 사이트에 액세스하지 못하게 한다

화이트리스트형　　액세스를 허용하는 사이트를 지정한다

블랙리스트형　　액세스를 금지하는 사이트를 지정한다

콘텐츠에 들어 있는 키워드로 제한

지정한 키워드를 포함하고 있는 콘텐츠에 액세스하지 못하게 한다

관련 용어　　UTM P.160 | 바이러스 P.152 | 부정 프로그램 P.152 | 차세대 방화벽 P.160

07 IDS와 IPS

조직의 네트워크에서는 네트워크에 대한 부정 침입을 막으면서 내부 정보의 유출을 피해야 한다. 하지만 유감스럽게도 방화벽만으로 이 모든 것을 막을 수는 없다. 그래서 대부분의 경우 역할이 다른 기기를 조합하여 더욱 견고한 대책을 세운다. IDS(Intrusion Detection System: 침입 감지 시스템)와 IPS(Intrusion Prevention System: 침입 방지 시스템)는 외부로부터 부정 액세스, 평소와 다른 이상한 통신의 발생(통신량, 통신 종류, 움직임 등), 내부에서의 정보 유출 등의 감지와 대책에 사용하는 장치 또는 소프트웨어이다. IDS와 IPS의 차이는 그 액션에 있다. IDS는 이상을 감지하면 시스템 관리자에게 메일 등으로 통보한다. 한편 IPS는 이상한 연결을 즉시 차단함과 동시에 시스템 관리자에게 메일 등으로 통보한다. 자동화된 IPS가 향상된 장치로 보이지만, 이상 검출 정밀도를 100%로 만드는 것은 어렵기 때문에 용도나 상황에 따라 나눠서 사용한다.

IDS나 IPS가 이상을 감지하는 방식으로는 '시그니처에 의한 부정 검출'과 '평소와 다른 상황을 느끼는 이상 감지'가 있다. 전자는 미리 등록해 둔 공격 패턴과 유사성이 높을 때 이를 이상으로 간주하고 액션을 취하는 방식이다. 이 방식은 등록 패턴을 항상 갱신할 필요가 있다는 점, 미지의 공격은 검출할 수 없다는 점 등의 약점이 있다. 한편, 후자는 등록 패턴이 필요 없으며 미지의 공격도 검출할 수 있다. 하지만 실제로 평소와 다르게 사용한 경우에 오검출을 일으킬 가능성이 있다. 최근 제품에는 이 둘을 병용하는 것도 있다.

▣ 방화벽과의 차이

방화벽은 IP 주소나 포트 번호를 단서로 네트워크 계층(IP)과 전송 계층(TCP나 UDP) 레벨에서 액세스 제한 또는 방어를 한다. 애플리케이션 등이 어떤 통신을 하는지는 원칙적으로 관여하지 않는다. 이에 반해 IDS나 IPS는 응용 계층의 통신 상황도 포함하여 검사한다. 그래서 방화벽에서는 이상으로 판단되지 않고 빠져나가버리는 통신도 IDS나 IPS의 검사로 이상을 검출할 수 있다.

● IDS와 IPS의 차이

IDS 침입 감지 시스템
Intrusion Detection System

검출	통지

IPS 침입 방지 시스템
Intrusion Prevention System

검출	통지
방어	

> 오검출까지 생각하면 자동으로 방어도 해 주는 건 좀 난감한 면이 있다

● 검출 방법은 크게 두 종류

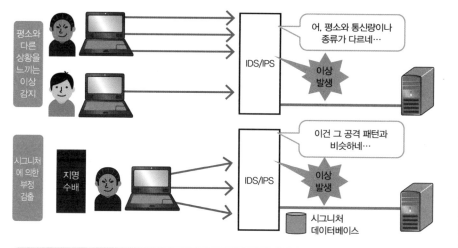

평소와 다른 상황을 느끼는 이상 감지

IDS/IPS

> 어, 평소와 통신량이나 종류가 다르네…

이상 발생

시그니처에 의한 부정 검출

지명 수배

IDS/IPS

> 이건 그 공격 패턴과 비슷하네…

이상 발생

시그니처 데이터베이스

● IDS/IPS와 방화벽은 방어하는 범위가 다르다

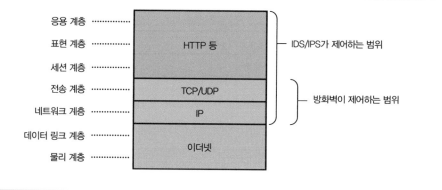

응용 계층	HTTP 등	
표현 계층		IDS/IPS가 제어하는 범위
세션 계층		
전송 계층	TCP/UDP	
네트워크 계층	IP	방화벽이 제어하는 범위
데이터 링크 계층	이더넷	
물리 계층		

관련 용어 | UTM P.160 │ 방화벽 P.154 │ 차세대 방화벽 P.160

08 UTM과 차세대 방화벽

보안 기능을 모아서 제공하는 UTM

네트워크의 보안을 높이기 위한 구성 요소는 다양해서, 이것들을 각각 독립된 기기로 마련하는 것은 힘이 많이 드는 일이다. 특히 소규모 네트워크에서는 예산 면에서도, 관리 인력 면에서도 허용 범위를 넘기는 경우가 많다. 이럴 때는 보안 기능이 하나로 묶여 있는 UTM(Unified Threat Management: 통합 위협 관리)을 사용하는 것도 한 방법이 될 수 있다. UTM은 방화벽, 안티바이러스, 콘텐츠 필터링, IPS, 그 외 추가 기능을 한 대의 기기에 모두 모아 놓은 것이다. 네트워크에 필요한 보안 기능이 다 들어 있는 UTM만 준비하면 개별 기기를 도입하는 것보다 비용도 절감되고 관리 수고도 줄어든다는 장점이 있다. 그리고 네트워크의 사용 방법과 성능에 따라 UTM만으로 충분한 경우도 있다. 반면 개별 기기를 마련하는 방법은 네트워크 성능과 유연성 면에서 유리하다.

차세대 방화벽이란?

최근에는 애플리케이션별로 독자적인 프로토콜을 사용하지 않고, 일부러 HTTP(포트 80번)나 HTTPS(포트 443번)를 사용하는 경우가 늘고 있다. 웹 액세스에 사용하는 80번이나 443번 포트는 이용 제한이 별로 걸려 있지 않아, 비교적 접근 제한이 강한 사무실 네트워크에서도 사용하기 편리하기 때문이다. 이런 상황이라면, 포트 번호를 믿고 통신을 식별하는 기존의 방화벽은 도움이 되지 않는다. 모든 앱이 전부 80번이나 443번이 되어 버려 앱을 구분할 수 없게 되기 때문이다. 차세대 방화벽은 이런 문제에도 대처할 수 있는 새로운 타입의 방화벽이다. 포트 80번이나 443번을 동일하게 사용해도 그것이 무슨 애플리케이션인지를 식별하여 필요한 필터링을 수행할 수 있다. 또, HTTPS나 SMPTS와 같이 암호화된 통신을 복호화하여 그 내용을 체크하는 기능을 갖고 있는 것도 있다. UTM과 기능적으로 매우 비슷하므로, UTM을 발전시킨 것이 차세대 방화벽이라고 생각해도 된다.

플러스 1 이들과 매우 비슷한 것으로 WAF(Web Application Firewall)가 있다. 차세대 방화벽이 웹을 포함한 다양한 애플리케이션에 대처하는 것에 비해, WAF는 웹 애플리케이션에 특화되어 웹을 더욱 깊고 강력하게 보호해 준다.

● 보안 기능을 하나로 묶은 UTM

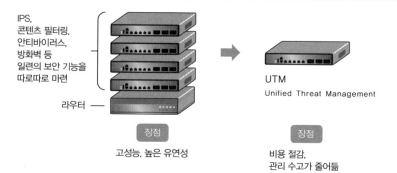

IPS,
콘텐츠 필터링,
안티바이러스,
방화벽 등
일련의 보안 기능을
따로따로 마련

라우터 ―

UTM
Unified Threat Management

장점

고성능, 높은 유연성

장점

비용 절감,
관리 수고가 줄어듦

● 차세대 방화벽의 동작 이미지

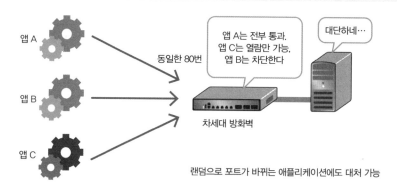

앱 A

앱 B

앱 C

동일한 80번

앱 A는 전부 통과,
앱 C는 열람만 가능,
앱 B는 차단한다

대단하네…

차세대 방화벽

랜덤으로 포트가 바뀌는 애플리케이션에도 대처 가능

● UTM, 차세대 방화벽, WAF의 차이

	전형적인 적용 규모	주요 보호 대상
UTM	소규모	사무실 네트워크나 PC
차세대 방화벽	중~대규모	사무실 네트워크나 PC, 각종 서버
WAF	소~대규모	웹 서버

※WAF(Web Application Firewall)는 웹 애플리케이션으로 특화된 보호 기능을 제공하는 것이다. 이 표는 분류 중의 하나로, 각각의 경계는 다소 모호하며 이 외에도 각종 분류가 있다

관련 용어 HTTP P.118 | IDS/IPS P.158 | 방화벽 P.154 | 안티바이러스 P.156 | 콘텐츠 필터링 P.156

09 소셜 엔지니어링

소셜 엔지니어링이란?

보안에 위협이 되는 것이 네트워크 침입이나 도난만 있는 것은 아니다. 정보 취급과 관련된 사람의 행동이 보안에 큰 위협이 되는 경우가 실제로 종종 있다. 그 대표적인 예가 바로 소셜 엔지니어링이다. 소셜 엔지니어링이란 컴퓨터나 네트워크와 같은 기술을 사용하지 않고 사람 대 사람끼리 옛날 방식을 통해 기밀 정보를 훔쳐 내는 것이다. 소셜 엔지니어링의 전형적인 수법으로 '전화로 암호를 캐묻는 것'이 있다. 상사나 고객으로 가장하여 담당자에게 전화를 걸거나 반대로 관리 회사의 담당자로 가장하여 고객에게 전화를 걸어 카드 비밀번호나 현관문 비밀번호와 같은 기밀 정보를 캐묻는다. 피싱 사기와 비슷한 수법이다. 이외에도 어깨 너머로 컴퓨터 화면이나 키보드를 엿보고 비밀번호를 훔쳐보는 행위, 쓰레기통을 뒤져 버려진 서류로부터 기밀 정보를 찾아 훔치는 행위도 소셜 엔지니어링으로 분류한다.

소셜 엔지니어링 대책

소셜 엔지니어링은 아날로그적인 방법이라서 자칫하면 간과하기 쉽다. 하지만 결코 얕볼 수 없는 위협으로 생각하고 대책을 충분히 마련할 필요가 있다. 전화로 위장하는 경우는 시스템의 암호나 현관문 비밀번호와 같은 기밀 정보는 통신 상으로 가르쳐주지 않고, 대면이나 서류로 의뢰한다는 규칙을 만들 필요가 있다. 그다지 기밀성이 높지 않은 정보에 대해서는 담당자의 연락처를 안다면 전화를 다시 건다는 대책도 효과적이다. 어깨 너머로 화면을 엿보는 행위에 대해서는 기밀 정보를 입력할 때 주위를 확인하거나 입력 부분을 손으로 가리는 등의 대책을 생각할 수 있다. 또, 쓰레기통을 뒤지는 행위에 대해서는 문서 파쇄기를 의무화하는 것과 신뢰할 수 있는 업자에게 의뢰해서 서류를 용해 처리하는 것을 검토하면 좋다. 그 외에, 생년월일이나 전화번호 등을 그대로 암호나 비밀번호 등에 사용하지 않는다는 규칙도 필요하다.

● 소셜 엔지니어링은 사람의 틈을 보고 정보를 훔치는 것

이 전화 통화, 실제로 존재하는 사람 이름을 대고 있는데 괜찮을까? 만일 유출된 명부를 보고 악의있는 사람이 거짓으로 이름을 댄 거라면…?

죄송한데 ○○과 ××인데요, 도어락 해제 번호 바뀌었나요? 안 열리는데요…

아, ××씨. 수고 많습니다. 안 열리나요? 딱히 바꾸지 않았는데.. ●◆■▼로 열어 보실래요?

● 소셜 엔지니어링의 전형적인 수법

 전화를 통한 위장

 어깨 너머로 기밀 정보 훔쳐보기

 쓰레기통 속 서류 뒤지기

최대의 보안 구멍은 사람이라고들 한다

옛날부터 써오던 방법이라고 방심하면 큰 코 다친다

대책을 생각할 때의 포인트

소셜 엔지니어링은…

(1) 방화벽과 같은 기술적인 대책이나 입퇴실 관리와 같은 설비에 의한 대책으로는 막을 수 없다
(2) 사람이 취하는 행동에 대한 규칙을 만들고 보안 의식 향상이 필수적이다
(3) 생일처럼 쉽게 연상할 수 있는 비밀번호를 사용하지 않는 등 기물 정보 자체의 설계 방침도 포함하여 검토한다

관련
용어 　보안 정책 P.166 │ 정보 보안 P.146

10 표적형 공격

부정 프로그램은 다양한 사람을 넓고 얕게 무차별적으로 공격하는 것이었다. 하지만 최근에는 부정 침입에 대한 대책이 강화되어 악의를 가진 사람이 외부에서 부정으로 침입하기 어려워져, 공격할 표적을 특정 조직으로 좁혀 집요하게 공격하는 '표적형 공격'이 급증하고 있다. 특정 목표를 철저히 공격하여 큰 악의를 달성하려고 하는 표적형 공격에서는 흔히 오더메이드 공격이라고 할 수 있는 새로운 수법이 사용된다. 예를 들어 2015년 6월에 일본 연금기구에서 발생한 개인정보 유출 사건은 대규모 표적형 공격의 사례로 알려져 있다. 어떤 방법으로든 내부에 발판을 만들어 이를 실마리로 부정 침입을 꾀하는 수법이다. 이 발판을 만들기 위해 부정 프로그램을 첨부한 그럴듯해 보이는 위장 메일이나, 특정 조직에서 액세스했을 때만 부정 프로그램을 설치하려고 하는 웹 사이트 등이 사용된다. 예를 들어 메일의 경우, 다른 부정 침입이나 소셜 엔지니어링 등으로 입수한 개인정보를 사용하여 비공개 업무용 메일 주소 앞으로 업무와 관계 있는 것처럼 위장한 메일을 보내는 것이다. '비공개 업무용 주소로 왔으니까', '내용이 진짜처럼 보이니까' 등의 안일한 이유로 첨부 파일을 실행하면, 그로 인해 부정 프로그램이 깔려 그 컴퓨터에 외부로부터 액세스 가능한 뒷문(백도어)이 만들어진다. 그 이후는 공격자가 생각하는 대로 그 컴퓨터를 발판으로 하여 다양한 부정 행위가 이루어지는 것이다.

▮ 생각할 수 있는 대책

표적형 공격에 대한 대책은 간단하지 않다. 발판을 만들기 위한 부정 메일은 진짜 업무 메일처럼 위장하고 있기 때문에 스팸 메일 필터를 빠져나가는 경우가 있고, 부정 프로그램은 안티바이러스로 검출되지 않도록 가공한다. 이렇듯 현시점에서는 결정적인 대책이 없기 때문에 클라우드 안의 가상 머신에서 첨부 파일의 거동을 체크하는 등 새로운 서비스를 도입하면서, 개인적인 인식을 포함한 종합적인 보안 대책을 높이는 것이 중요하다.

플러스 1　사전에 입수한 다양한 정보를 사용하여 면밀히 짠 수법으로 공격이 실행되는 표적형 공격은 그것이 표적이라는 것을 간파하는 것이 어려운 경우가 있다. 꾸준한 주의와 의식이 중요하다.

● 표적을 정해 집요하게 공격하는 표적형 공격이 늘고 있다

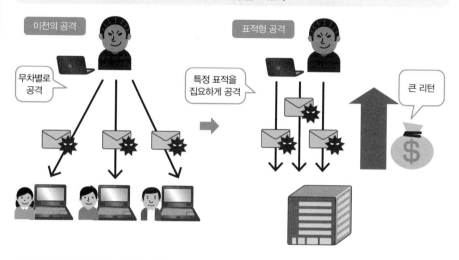

● 공격의 이미지

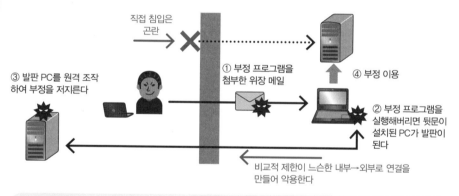

● 위장 메일의 수신을 막을 수 없는 이유

부정 프로그램을
첨부한 위장 메일

오더
메이드

- 독자적인 부정 프로그램이 사용되는 경우가 있어 패턴 파일이
없기 때문에 안티바이러스로 검출할 수 없다
- 평소 쓰고 있는 정상적인 메일과 똑같은 형식이나 내용이기 때
문에 스팸 메일 필터를 빠져나가 버린다

관련
용어　부정 침입 P.150 ｜ 부정 프로그램 P.152 ｜ 소셜 엔지니어링 P.162

11 보안 정책 수립

보안 정책이란 조직의 보안을 양호하게 유지하게 위한 방침이나 행동을 모아 놓은 일련의 규칙이다. 네트워크를 이용하고 있는 조직이라면 보안 정책을 정해 놓은 경우가 많을 것이다. 보안에 대해서는 '큰 둑도 개미 구멍으로 무너진다'는 말이 자주 인용된다. 아무리 견고하게 만들어도 어딘가 일부에 작은 결함이 있으면 그로 인해 전체가 무너진다는 뜻이다. 비록 몇 명밖에 없는 영업소라도 본사와 네트워크로 연결되어 있다면 영업소도 보안에 힘쓸 필요가 있다. 아직 보안 정책이 없는 경우는 바로 만들어야 한다. 단, 너무 잘 만들려고 하면 힘이 많이 들기 때문에 경영진까지 참가시켜 조직 차원에서 만들 필요가 있다. 그리고 정책이 만들어질 때까지 보안을 방치해 두면 안되므로, 네트워크를 도입했다면 먼저 운용 규칙만이라도 만드는 것이 좋다.

▌ 관리 대책을 만들 때의 포인트

정보에 대한 보안(정보 보안)을 유지하기 위한 구체적인 대책을 관리 대책이라고 한다. 관리 대책을 생각할 때는 그냥 생각나는 것을 마구잡이로 열거하는 것이 아니라, 기술적 대책, 물리적 대책, 인적 대책으로 분류해서 생각해야 한다. 기술적 대책이란 보안을 유지하는 데 어떤 기술적인 장치를 사용하는 것을 가리킨다. 일반적으로 네트워크 보안 대책이 여기에 해당하는데 구체적으로는 방화벽, 안티바이러스, IDS 등이 있다. 물리적 대책이란 보안을 유지하는 데 물리적인 기구를 사용하는 것을 가리킨다. 네트워크와는 관계없이 기존부터 해오던 것이 해당된다. 구체적으로는 입퇴실 관리, 서버실 잠금, 경비원 순회 등이 있다. 인적 대책은 보안을 유지하는 데 사람의 행동에 주의를 기울이는 것을 가리킨다. 소셜 엔지니어링을 방지하는 것도 이 대책에 속한다. 구체적으로는 PC나 저장 매체 반입·반출 제한, 메일의 첨부 파일 이용 제한, 기밀 정보 발신 금지 등이 있다. 관리 대책은 한 번 만들고 끝내는 것이 아니라, PDCA 사이클을 사용하여 꾸준히 향상시켜 가는 것이 중요하다.

플러스 1 ┃ 일반적으로 보안 수준을 올리면 편리성이 떨어진다. 그 반대도 마찬가지이다. 보안과 편리성의 균형점을 잘 찾기 위해서도 PDCA 사이클이 효과적이다.

그림으로 이해하자!!

● **보안 정책이 완성될 때까지는 운용 규칙으로**

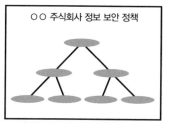

○○ 주식회사 정보 보안 정책

제대로 만들려면 꽤 시간이 걸리므로…

네트워크 운용 규칙

보안 정책이 완성될 때까지는 네트워크 운용 규칙을 만들어 그에 따라 운용하는 것도 하나의 방법이 될 수 있다

● **관리 대책은 세 가지로 분류하여 생각한다**

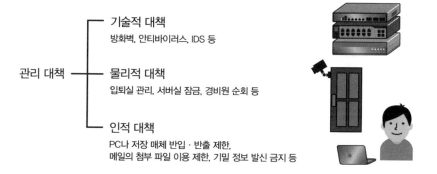

관리 대책 ─┬─ **기술적 대책**
　　　　　　방화벽, 안티바이러스, IDS 등

　　　　　├─ **물리적 대책**
　　　　　　입퇴실 관리, 서버실 잠금, 경비원 순회 등

　　　　　└─ **인적 대책**
　　　　　　PC나 저장 매체 반입 · 반출 제한,
　　　　　　메일의 첨부 파일 이용 제한, 기밀 정보 발신 금지 등

● **관리 대책은 PDCA 사이클로 향상시켜 간다**

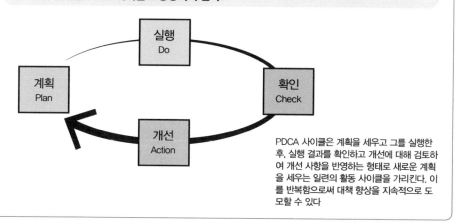

실행
Do

계획
Plan

확인
Check

개선
Action

PDCA 사이클은 계획을 세우고 그를 실행한 후, 실행 결과를 확인하고 개선에 대해 검토하여 개선 사항을 반영하는 형태로 새로운 계획을 세우는 일련의 활동 사이클을 가리킨다. 이를 반복함으로써 대책 향상을 지속적으로 도모할 수 있다

관련
용어　IDS P.158 ｜ 방화벽 P.154 ｜ 소셜 엔지니어링 P.162 ｜ 안티바이러스 P.156 ｜ 정보 보안 P.146

새로운 보안 개념 '제로 트러스트'

최근 기업 네트워크를 중심으로 새로 생긴 보안 개념인 '제로 트러스트'가 주목받고 있다.

기존 보안 개념에서는 조직 안의 네트워크는 안전 지대, 그 밖은 위험 지대라는 형태로 안전 지대와 위험 지대를 명확히 구분하였다. 그리고 그 경계가 되는 곳에 엄격한 인증이나 체크 또는 암호화를 시행하여 리스크가 되는 요소가 안전 지대에 들어오는 것을 셧아웃한다는 개념을 채택했다. 또, 안전해야 하는 지대를 안전하게 유지하기 위해 그곳에 연결하는 기기는 기기가 충분히 안전하다는 것을 사전에 체크하는 '검역'을 필수로 하였다. 그리고 안전 지대에 있는 단말기나 서버끼리는 서로를 신뢰하므로 엄격한 인증이나 체크 또는 암호화 등을 요구하지 않는 것도 허용된다는 개념이었다.

이에 반해 제로 트러스트는 '이 범위에 존재하는 상대는 신뢰할 수 있다'고 하는 안전 지대를 정하지 않는다. 즉, 어디든 기본적으로 상대를 신뢰하지 않고 엄격한 인증이나 체크 또는 암호화를 요구하는 개념을 채택한다. 이러한 개념이 주목을 받게 된 배경에는 외부 클라우드와의 연결이나 개인용 단말기의 업무 이용(BYOD) 등이 있다. 경계를 분명하게 정하여 여기부터 안쪽은 '무균 상태'가 유지되어 확실하게 안전 지대라고 정하는 것이 쉽지 않게 되었기 때문이다.

이전의 보안 개념

외부　경계　내부(안전)

느슨하게 대응
엄격히 대응
신뢰한다

- 연결 기기는 검역 완료
- 외부 연결은 한정적

제로 트러스트의 개념

외부　경계　내부(안전)

엄격히 대응
엄격히 대응
신뢰하지 않는다

- 개인 단말기도 연결(BYOD)
- 외부 클라우드를 많이 이용

네트워크 구축과 운용

이 장에서는 자신이 직접 네트워크를 구축하고 운용할 때 요구되는 다양한 지식과 노하우를 다룬다. 네트워크 감시 방법이나 트러블 대응 정석은 언젠가 도움이 될 것이다.

01　네트워크 구성 설계

설계의 중요성

네트워크를 구축할 때는 두 가지의 경우를 생각할 수 있다. 기존의 네트워크에 새로운 네트워크를 추가하는 경우와 완전히 처음부터 새로 만드는 경우이다. 제대로 설계해 두면 지금의 요구뿐만 아니라 미래의 요구에도 대처할 수 있는, 오래 쓸 수 있는 네트워크를 만들 수 있다.

설계 순서

네트워크 설계 시에는 다양한 요소를 고려해야 한다. 그러다보니 설계 순서를 정하는 것부터 복잡하고 힘이 많이 든다. 이번 장에서는 실제보다 간략하게, 네트워크 설계 시 최소한으로 검토해야 하는 것을 설명한다. 실제 설계는 이보다 더 복잡하다.

가장 먼저 해야 할 것은 네트워크 이용에 관한 조사이다. 이용 인원, 이용 요일과 시간대, 연결 단말기 수, 연결 방법(유선, 무선), 사용자 유형(종업원, 고객), 이용할 애플리케이션, 이용할 WAN 회선, 보안 상 주의사항 등을 조사한다. 예를 들어 이용 인원은 나중에 서브넷 구성을 검토할 때의 기초 데이터가 된다. 이용할 애플리케이션은 라우터나 방화벽에서 패킷 필터 설정과 마련해야 할 보안 기기의 선정 등에 반영된다. 또 각 항목에 대해 현재 정보와 함께 미래에 어떤 변화가 예상되는지도 검토해 두는 것이 좋다. 그렇게 하면 미래를 예상한 설계가 가능하다. 여기서 하는 조사 결과는 파일링을 통해 하나의 자료로 정리한다. 나중에 운용을 하면서 '왜 이렇게 설계했지?'라고 의문이 들 때 이유를 간단히 찾아낼 수 있기 위해서다.

조사를 끝내면 LAN 구성→WAN 구성→보안→감시 순으로 설계를 진행한다. 또, 고객의 편의를 위해 종업원 이외에 인터넷 이용을 허가할 예정이 있는 경우에는 이러한 허가가 사내 네트워크에 침투를 허가하는 약점이 되지 않도록 충분히 고려한다.

● 네트워크 구축은 설계부터

네트워크 구축은 먼저 설계부터 한다. 지금 무엇이 필요한지, 미래에 무엇이 필요할지를 잘 파악하여 그에 따라 설계를 진행한다.

7

네트워크 구축과 운용

네트워크 설계의 대략적 흐름

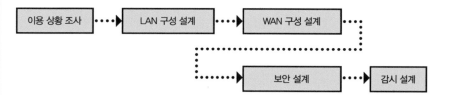

사전에 조사할 항목 예

- 이용 인원
- 이용 요일과 시간대
- 연결 단말기 수
- 연결 방법(유선, 무선)
- 이용할 애플리케이션
- 이용할 WAN 회선
- 보안 상 주의사항
- 사용자 유형(종업원, 고객) 등

이용 인원 조사표 예시

부서명	성수기/평일 인원			성수기/휴일 인원			비수기/평일 인원			비수기/휴일 인원			회사 물품 수		개인 물품 수	
	아침	점심	저녁	아침	점심	저녁	아침	점심	저녁	아침	점심	저녁	PC	스마트폰	PC	스마트폰
합계																

관련 용어 WAN 회선 P.22 | 감시 P.190 | 서브넷 구성 P.172 | 인터넷 연결 P.176 | 패킷 필터 P.154

02 서브넷 구성과 IP 주소 할당

■ 서브넷 구성

조직의 네트워크는 웬만한 소규모가 아니고서는 전체를 하나의 네트워크로 구성하는 경우는 없고, 적절히 작은 서브넷으로 분할하여 각각을 연결하는 구성으로 만든다. 이를 위해 미리 조사해 둔 부서별 단말기 상황을 바탕으로 서브넷을 어떻게 분할할지를 검토한다. 보통은 동일한 부서를 하나의 서브넷으로 묶는 것이 일반적이다. 하지만 동일한 부서라도 물리적으로 떨어져 있는 경우나 하나의 부서이지만 단말기 수가 엄청나게 많은 경우는 별도의 서브넷으로 나눌 수 있다.

■ IP 주소 할당

서브넷 분할 방침이 결정되면 각 서브넷에 네트워크 주소를 할당한다. 이때는 부서별 단말기 수에 대해 IP 주소가 충분히 여유있도록 서브넷 마스크를 정한다. 예를 들어 연결할 단말기 수가 많아도 몇 십 대 정도인 서브넷이라면 192.168.1.0/24 네트워크(254대 연결 가능)를 사용한다고 정하는 것이다. 프라이빗 IP 주소는 자유롭게 이용할 수 있기 때문에 견적 오차나 예상 밖의 상황(단말기가 늘어나는 것)도 고려해서 너무 빡빡하지 않도록 할당하는 것이 좋다. 가변 길이 서브넷 마스크를 사용하여 서브넷별로 프리픽스 길이를 바꿀 수도 있지만 특별한 이유가 없는 한 프리픽스 길이는 각 서브넷마다 동일한 값으로 해 두는 것이 운용할 때 편한 경우가 많다.

■ 라우팅

네트워크 용도에 따라 특정 서브넷끼리 서로 통신하지 않게 하는 경우도 있다. 이렇게 사용할 경우에는 어떤 서브넷과 어떤 서브넷의 통신을 금지할지를 정한다. 이 내용이 각 라우터의 라우팅 테이블 또는 필터에 반영되도록 한다.

플러스 1 ▶ 글로벌 IP 주소를 충분히 갖고 있다면 사무실 전체 PC에 할당하는 것도 가능하다. 하지만 NAPT를 중개하는 편이 관리면에서 유리하기 때문에 자주 사용하는 방법은 아니다.

● **서브넷은 부서 단위로 나누는 경우가 많다**

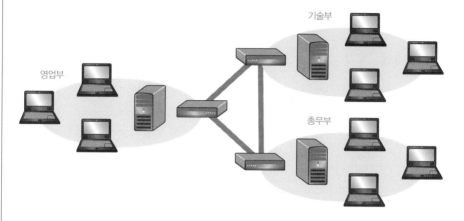

● **서브넷에 IP 주소를 할당한다**

부서명	최대 이용 기기 수	사용 서브넷	연결 가능 기기 수
영업부	20대	192.168.1.0/24	254대
기술부	40대	192.168.2.0/24	254대
총무부	10대	192.168.3.0/24	254대

● **서브넷 간의 통신 가능 여부를 설정하는 경우도 있다**

	영업부	기술부	총무부
영업부		–	–
기술부	×		–
총무부	○	○	

좀 더 세세하게 어느 쪽에서 연결을 시작할지로 나눠서 통신 가능 여부를 정하는 경우도 있다. 이 경우 행 항목을 연결처로 생각하고 왼쪽 표에서 '–'로 되어 있는 칸에도 ○나 ×를 써넣을 수 있다

관련 용어 라우팅 P.86 │ 서브넷 P.64 │ 프라이빗 IP 주소 P.60

03 하드웨어와 소프트웨어 선택

네트워크 기기 선택

조직의 네트워크에서 사용하는 라우터나 스위치와 같은 네트워크 기기는 기기 정지가 바로 업무 정지로 직결되기 때문에 제대로 된 것을 골라야 한다. 평가 포인트로 안정성, 상호 연결성, 성능, 기능, 지원, 가격 등을 들 수 있다. 설치 기기 수가 많은 스위치나 허브는 소비 전력도 고려하는 것이 좋다.

서버 선택

요즘 서버 선택은 클라우드(타사 데이터센터의 서버 기능을 이용하는 형태)로 할지 온프레미스(조직 내에 서버를 두는 형태)로 할지부터 검토하는 것이 일반적이다. 클라우드의 경우 보안, 사내 네트워크에서 안전하게 액세스하는 방법, 반응 속도, 종량제 요금인 경우 이용료 등을 검토할 필요가 있다. 한편 온프레미스의 경우는 공조가 잘 되는 설치 장소를 마련하고 정전이나 재해에 대한 대책, 백업 방법 등을 검토해야 한다. 서버 사양은 CPU의 종류, 메모리 용량, 하드디스크 용량, RAID 방식, 네트워크 인터페이스의 속도 등이 사용 목적과 일치하는 것을 선택한다. 온프레미스 서버와 달리 클라우드 서버는 계약 후에도 사양의 일부를 자유롭게 변경할 수 있는 것이 많다. 필요한 사양을 추측하기 어려운 경우에는 클라우드 서버를 사용하는 것도 한 방법이 될 수 있다.

서버에 사용하는 OS의 종류는 보통 작동시킬 업무 시스템이나 사용할 애플리케이션의 종류로 결정한다. 자유롭게 선택할 수 있는 경우 Linux 관리 스킬이 있다면 Linux를 선택하고 그렇지 않다면 Windows를 선택하는 방법을 생각할 수 있다. 클라이언트 PC는 선택지가 별로 없어 Windows를 사용하는 경우가 대부분이다. 애플리케이션의 경우도 업무상 필요한 것은 자연스럽게 정해지는 경우가 많은 편이다. 애플리케이션 중에는 판매 가격에 더해 월 단위나 연 단위로 이용 요금이 발생하는 것도 있다. 혹시 사이트 라이센스(거점 일괄 이용권)가 있다면 이용을 검토하는 것도 좋을 것이다.

플러스 1 구성을 유연하게 변경할 수 있다는 클라우드의 특징을 살리기 위해 대기업 등에서는 자사 전용 서버로 사내용 클라우드를 사용하는 경우도 있다. 프라이빗 클라우드라고 한다.

● 네트워크 기기의 검토 포인트

안정성	24시간 365일 항상 정상적으로 계속 작동한다
상호 연결성	상대와 올바르게 연결할 수 있고 정해진 동작을 수행한다
성능	충분한 처리 능력을 갖고 있다
기능	네트워크에 요구되는 기능이 탑재되어 있다
지원	기술적인 문의에 대답할 수 있는 창구가 있다 고장 수리가 원활하게 진행된다
가격	예산 범위 안에 있다

● 온프레미스 VS 클라우드

온프레미스

클라우드

VM

최근에는 사용자가 자유롭게
서버 스펙을 강화할 수 있는
것도 많다

검토 포인트

* 공조 시스템이 완비된 설치 장소를 마련
* 정전이나 재해 대책 마련
* 백업
* 스펙 강화의 필요성 유무

검토 포인트

* 보안
* 사내에서 안전하게 액세스하는 방법
* 반응 속도
* 종량제 요금인 경우는 이용료

● 애플리케이션 선택 포인트

구매 요금과 별도로 이용 요금이 발생하는 경우도 있으므로 이를 고려하여 경비를 생각
한다.

| 구입 가격 | × 기기 수 | … 살 때 든다 |
| +) 이용 요금 × 기간 × 기기 수 | | … 매월 또는 매년 든다 |

애플리케이션에 드는 경비

이용 요금

이용 요금

이용 요금

구입 가격

관련
용어　클라우드 P.112

04 　인터넷과 연결

사무실이나 가정의 네트워크를 인터넷에 연결할 때는 인터넷 연결 서비스를 제공하는 회사를 선택해야 한다. 광 회선이 주류가 된 현재 인터넷을 이용하려면 인터넷 회선 서비스(주로 KT나 SK와 같은 통신 사업자가 제공)와 ISP 서비스(프로바이더라고 하는 인터넷 연결 사업자가 제공)를 조합하여 사용하는 것이 기본 형태이다(이 둘을 일괄적으로 제공하는 경우도 있다). 둘의 조합은 선택할 인터넷 회선 서비스 등에 따라 자유롭게 선택할 수 있는 경우와 선택지가 한정되어 있는 경우가 있다. 인터넷 이용을 신청하는 방법으로는 (1)인터넷 회선 서비스와 ISP 서비스를 따로따로 신청한다, (2)인터넷 회선 서비스와 세트로 ISP 서비스를 신청한다, (3)ISP 서비스와 세트로 인터넷 회선 서비스를 신청한다, (4)광 회선 사업자에게 신청한다 등이 있다. 마지막의 광 회선 사업자란 KT 등에서 인터넷 회선 서비스를 받아 자사 서비스로 판매하는 회사를 말한다. 인터넷과 직접적으로 관계가 없는 회사가 제공하는 경우도 있다.

▌ 인터넷 회선에서 확인해 두어야 하는 것

인터넷 회선이란 가장 가까운 전화국에서 사무실이나 가정까지 이어지는 광케이블 회선을 말한다. 인터넷 회선을 정할 때는 요금이나 최소 계약 기간 외에도 (1)설치 장소가 서비스 제공 지역인지 아닌지, (2)필요한 시간까지 개통이 가능한지 아닌지, (3)사업자 지정 라우터를 사용할 필요가 있는 경우는 성능이나 기능이 자신의 요구에 맞는 것인지 아닌지, (4)설치 장소에서 사용할 수 있는 실내 배선의 종류는 무엇인지 등을 확인해 둔다. 인터넷 이용을 신청할 회사에 물어보면 가르쳐 줄 것이다.

▌ ISP 선택 방법

인터넷을 이용할 때의 실효 속도는 인터넷 회선 사업자뿐만 아니라 ISP 서비스에 따라서도 달라진다. 단, 신청하기 전에 속도를 측정할 방법이 없기 때문에 스피드 테스트 사이트 등을 참고해 결정해야 한다. 비교할 때는 ISP명 외에 설치 지역이나 사용 시간대와 같은 조건도 주의해서 맞추도록 한다.

● 광케이블 회선을 사용한 인터넷의 대표적인 형태

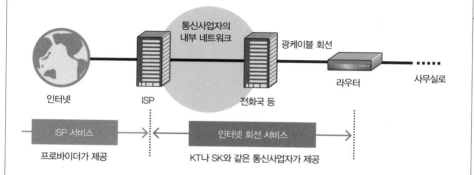

ISP 서비스 →|← 인터넷 회선 서비스 →

프로바이더가 제공   KT나 SK와 같은 통신사업자가 제공

● 인터넷 회선에서 확인해 두어야 할 것

요금, 최소 계약 기간 외에도…

(1) 설치 장소가 서비스 제공 지역인지 아닌지
(2) 필요한 시간까지 개통이 가능한지 아닌지
(3) 사업자 지정 라우터를 사용할 필요가 있는 경우는 성능이나 기능이 충분한지
(4) 설치 장소에서 사용할 수 있는 실내 배선의 종류(광케이블 배선, VDSL, LAN)

등을 확인하면 좋다

참고로 실내 배선의 종류는 광케이블 배선이 가장 빠르고 안정적이다

● 실효 속도는 인터넷 회선과 ISP 둘 모두의 영향을 받는다

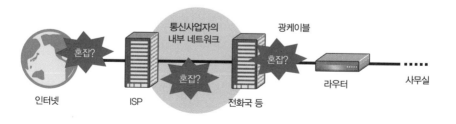

관련 용어 인터넷 연결 P.20

05 서버 공개

방화벽에 대한 DMZ 설정

조직 소유의 서버를 인터넷에 공개하는 방법으로는 조직의 건물 안에 서버를 두는 경우, 데이터센터에 서버를 두는 경우, 클라우드 서버를 이용하는 경우가 있다. 이 장에서는 조직의 건물 안에 서버를 두는 경우를 설명한다. 조직의 건물 안에 서버를 두는 경우, 안정된 공조 설비와 전원을 확보할 수 있는 공간에 서버를 둠과 동시에 방화벽에 DMZ를 마련하고 그곳에 서버를 연결한다. 또, 필요하면 필터링 설정을 추가하거나 부하분산을 위한 로드 밸런서를 설치한다.

고정 IP 주소

외부에 공개할 서버는 외부에서 액세스할 수 있어야 한다. 그래서 보통 고정된 글로벌 IP 주소를 할당한다. 이는 ISP가 제공하는 서비스로, 대부분의 ISP가 '고정 IP 주소 서비스'라는 이름으로 제공하고 있다. 웹 서버 등을 공개한 경우, 웹 서버에서 데이터를 읽고 쓰는 것은 ISP 연결에서 상방(조직→ISP)에 해당하기 때문에 필연적으로 업로드 통신이 늘어난다. 만일 개인용 연결 서비스를 이용하고 있는데 업로드 통신량 제한이 문제가 된다면 제한이 적은 법인용 연결 서비스 등을 검토할 필요가 있다.

도메인명의 취득과 DNS 설정

공개 서버에는 대부분 도메인명을 할당한다. 도메인명은 레지스트라나 리셀러에게 이용 신청을 한다(3-04 참조). 이렇게 취득한 도메인명을 실제로 사용하려면 그 도메인명을 위한 DNS 서버(콘텐츠 서버)를 최소 두 대는 마련하여 해당 IP 주소를 레지스트라나 리셀러에게 등록 신청할 필요가 있다. 이렇게 해야 인터넷의 DNS에서 이름 해결이 이루어진다. DNS 서버는 직접 마련하는 경우 외에도 레지스트라나 ISP 또는 클라우드 사업자 등이 제공하는 서비스를 이용하는 방법이 있다.

● 서버 공개에 필요한 설정

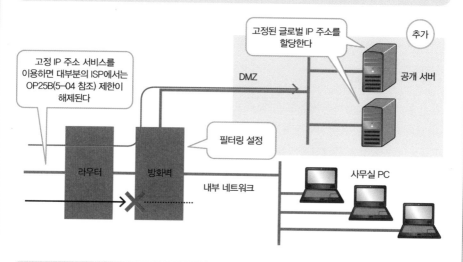

고정된 글로벌 IP 주소를 할당한다

추가

고정 IP 주소 서비스를 이용하면 대부분의 ISP에서는 OP25B(5-04 참조) 제한이 해제된다

DMZ

공개 서버

필터링 설정

라우터

방화벽

내부 네트워크

사무실 PC

● 개인용 ISP 연결 서비스는 업로드 통신량 제한에 주의한다

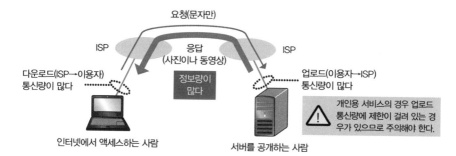

요청(문자만)

ISP

응답
(사진이나 동영상)

ISP

다운로드(ISP→이용자)
통신량이 많다

정보량이
많다

업로드(이용자→ISP)
통신량이 많다

개인용 서비스의 경우 업로드 통신량에 제한이 걸려 있는 경우가 있으므로 주의해야 한다.

인터넷에서 액세스하는 사람

서버를 공개하는 사람

● 도메인명 취득과 DNS 서버 설정의 흐름

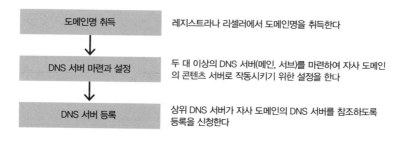

도메인명 취득 → 레지스트라나 리셀러에서 도메인명을 취득한다

DNS 서버 마련과 설정 → 두 대 이상의 DNS 서버(메인, 서브)를 마련하여 자사 도메인의 콘텐츠 서버로 작동시키기 위한 설정을 한다

DNS 서버 등록 → 상위 DNS 서버가 자사 도메인의 DNS 서버를 참조하도록 등록을 신청한다

관련 용어 DMZ P.154 | DNS P.130 | 글로벌 IP 주소 P.60 | 도메인명 P.84 | 방화벽 P.154 | 클라우드 P.112

06 Windows의 워크그룹과 도메인

▓ 워크그룹 개요

사무실에서 많이 사용하는 Windows 네트워크는 워크그룹과 도메인이라는 두 종류의 사용자 관리 스타일을 주로 사용한다.

워크그룹이란 동일한 워크그룹명을 설정하고 있는 컴퓨터끼리 컴퓨터 목록이나 각 컴퓨터에 마련되어 있는 공유 폴더 목록 등을 볼 수 있게 해주는 것이다. **사용자명과 비밀번호는 각 컴퓨터에서 관리한다.** 예를 들어 공유 폴더를 열 때는 공유 폴더가 있는 컴퓨터에 등록되어 있는 사용자명과 비밀번호를 입력한다. 사용자와 비밀번호가 컴퓨터마다 독립되어 있기 때문에 어떤 컴퓨터에서 비밀번호를 변경해도 다른 컴퓨터에는 반영되지 않는다. 그래서 다수의 컴퓨터가 존재하는 네트워크에서는 관리가 상당히 번거로워진다. 이런 이유로 워크그룹은 컴퓨터 기기 수가 적은 소규모 네트워크에서 주로 사용한다.

▓ 도메인 개요

또 다른 사용자 관리 스타일인 도메인은 사용자명과 비밀번호를 도메인 컨트롤러라는 서버에서 관리한다. 각 컴퓨터는 도메인에 참가함으로써 도메인 컨트롤러에 액세스할 수 있고, 도메인 컨트롤러에 등록되어 있는 사용자명과 비밀번호로 사용자 인증을 할 수 있다. 공유 폴더를 예로 들면, 해당 도메인 사용자에 대해 공유 폴더에 액세스하기 위한 설정을 해 둔다. 그러면 그 도메인에 로그인한 사용자는 공유 폴더에 비밀번호 입력 없이 자유롭게 액세스할 수 있다. 사용자명과 비밀번호는 도메인에서 일괄적으로 관리하기 때문에 한번 비밀번호를 변경하면 그 이후의 모든 인증에 반영된다. 이러한 장점이 있어 도메인은 주로 대규모 네트워크에서 사용한다.

플러스 1 ▶ 워크그룹도 사용자명과 비밀번호가 완전히 일치하는 컴퓨터끼리는 공유 폴더를 열 때 사용자명과 비밀번호 입력이 필요 없다.

● 워크그룹은 사용자를 개별적으로 관리

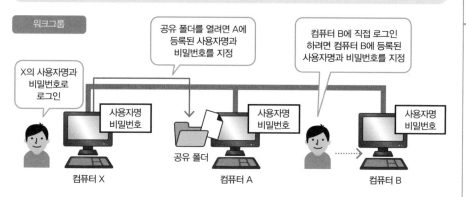

워크그룹

X의 사용자명과
비밀번호로
로그인

공유 폴더를 열려면 A에
등록된 사용자명과
비밀번호를 지정

컴퓨터 B에 직접 로그인
하려면 컴퓨터 B에 등록된
사용자명과 비밀번호를 지정

사용자명
비밀번호

공유 폴더

사용자명
비밀번호

사용자명
비밀번호

컴퓨터 X

컴퓨터 A

컴퓨터 B

● 도메인은 사용자를 중앙에서 관리

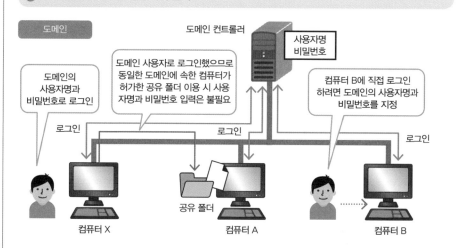

도메인

도메인 컨트롤러

사용자명
비밀번호

도메인의
사용자명과
비밀번호로 로그인

도메인 사용자로 로그인했으므로
동일한 도메인에 속한 컴퓨터가
허가한 공유 폴더 이용 시 사용
자명과 비밀번호 입력은 불필요

컴퓨터 B에 직접 로그인
하려면 도메인의 사용자명과
비밀번호를 지정

로그인

로그인

로그인

공유 폴더

컴퓨터 X

컴퓨터 A

컴퓨터 B

● 워크그룹과 도메인 비교

워크그룹의 특징	도메인의 특징
• 소규모 네트워크에 적합 • 손쉽게 이용할 수 있다 • 컴퓨터 기기 수가 많아지면 사용자명과 비밀번호를 관리하기 힘들다	• 대규모 네트워크에 적합 • Windows Server가 필요 • 사용자명과 비밀번호를 중앙에서 관리하므로 기기 수가 많아져도 관리가 편하다

관련
용어
Active Directory P.182 | Windows Server P.174

07 디렉토리 서비스

▊ 디렉토리 서비스란?

디렉토리(directory)에는 원래 이름 주소 등록이라는 의미가 있다. 전화번호부가 그 일종이다. '××××씨는 ○○주식회사 ○○과 소속, 전화번호는xxx-xxxx'와 같은 형태로 대상과 소재와 연락처를 대응시켜 모아두고 필요에 따라 참고하여 이용한다. 이와 유사한 개념으로 컴퓨터나 네트워크 기기의 소재, 고유 정보, 설정 등을 대응시킨 것을 모아두고 그것을 제공하는 서비스를 디렉토리 서비스라고 한다. 컴퓨터의 디렉토리 서비스는 비교적 규모가 큰 네트워크에서 이용한다. 그 이유는 간단한데, 소규모 네트워크에서는 컴퓨터의 기기 수가 적어 정보 관리가 간단한 메모만으로도 충분하기 때문이다.

▊ 디렉토리 서비스에서 취급하는 정보

일반적으로 디렉토리 서비스에서 취급하는 정보로는 사용자 ID, 비밀번호, 메일 주소, 공유 폴더 정보, 공유 프린터 정보, 서버 정보 등이 있다. 디렉토리 서비스에서는 사용자 ID와 비밀번호를 취급할 수 있기 때문에, 사용자가 로그인할 때 디렉토리 서비스가 데이터베이스로 참고될 수 있다. 이 경우 디렉토리 서비스 정지가 네트워크에 로그인할 수 없는 심각한 사태로 이어지기 때문에, 보통 디렉토리 서버를 여러 대 설치하거나 분산하여 설치하는 방안을 활용하고 있다.

▊ 디렉토리 서비스의 종류

디렉토리 서비스에 액세스하는 프로토콜로는 LDAP(Lightweight Directory Access Protocol)가 많이 사용된다. 주요 디렉토리 서비스로는 Linux, Windows, macOS 등에서 작동하는 오픈소스인 OpenLDAP, Windows Server에 탑재되어 있는 Active Directory, Linux에서 작동하는 389 Directory Server 등이 있다.

7

● **디렉토리란 원래 주소록을 가리키는 말**

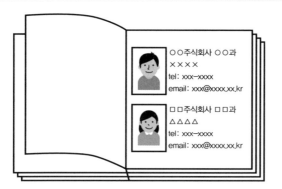

디렉토리 서비스는 네트워크 이용자가 적을 때는 별로 필요하지 않지만, 이용자가 늘어 ID 나 비밀번호와 같은 이용자별 정보를 중앙에서 관리하고 싶을 때 위력을 발휘한다

● **디렉토리 서버에서 관리하는 정보를 클라이언트에서 참조**

클라이언트

디렉토리 서버

참조/등록

사용자 ID
비밀번호
이메일 주소

공유 폴더 정보
공유 프린터 정보
서버 정보 등

로그인과 같이 인증에 사용하는 경우는
여러 대를 설치하거나 분산 설치하여
고장에 대비하는 것이 일반적이다

● **대표적인 디렉토리 서비스**

Open LDAP	대부분의 OS에서 사용할 수 있는 오픈소스
Active Directory	주로 Windows에서 사용
389 Directory Server	주로 Linux에서 사용

관련
용어   Linux 서버 P.174 │ Windows 도메인 P.180

08 LAN 배선 공사와 가공

사무실 LAN 배선 공사는 자신이 직접 하는 방법과 전문업체에 맡기는 방법이 있다. LAN 배선 자체는 그다지 어려운 작업은 아니지만, 방이나 층을 가로지르거나 배선 수가 너무 많다면 전문업체에 맡기는 편이 좋다.

█ 전문업체에 맡길 때의 포인트

전문업체에 맡긴다면 먼저 업체 선정이 중요하다. 가능하면 지인의 소개를 받는 편이 좋지만 그것이 어려운 경우는 업체와 대화하며 의뢰해도 좋은지를 판단할 수밖에 없다. 전문업체에 의뢰하면 회의, 현지 조사, 견적, 계약/발주, 시공, 보수와 같은 흐름으로 가는 것이 일반적이다.

█ 배선 공사를 직접 할 때의 포인트

LAN 배선 공사를 직접 하는 경우 케이블이나 필요한 자재 선정부터 시작한다. LAN 케이블은 시판되는 완제품을 사용하는 방법과 필요한 길이로 케이블을 잘라 커넥터를 붙여 만드는 방법이 있다. 케이블을 직접 자르면 원하는 길이의 케이블을 만들 수 있고 가격도 절감할 수 있지만, 가공에 수고가 든다. 케이블을 가공할 때는 정해진 장소에 LAN 케이블을 깐 후 전문 공구를 사용하여 양쪽 끝에 LAN 커넥터를 붙인다. 그리고 케이블 테스터로 제대로 가공되었는지 확인한다. 이런 공구류, LAN 케이블, 그리고 LAN 커넥터는 사용할 이더넷의 규격에 맞춰 선택한다(4-01 참조). 동일한 이더넷 규격의 케이블이라도 각각 특징이 다르다. 가늘어서 잘 굽어지게 되어 있는 것이나, 편평해서 카펫 아래에 깔아도 튀어나오지 않는 것 등, 배선할 현장 상황에 맞춰 선택하면 된다. 또, 케이블 종류에는 단선과 꼬임선이 있다. 단선은 전송 효율이 좋기 때문에 배선 길이가 길어지는 경우는 단선을 선택하는 것이 좋다. 단, 단선은 물리적인 힘에 약하기 때문에 케이블 취급에 주의가 필요하다. LAN 배선이 바닥 위나 벽에 뻗어 있는 경우 그 부분을 몰딩하면 케이블을 보호하면서 미관적으로도 보기 좋다. 몰딩은 벽이나 바닥 색과 맞추고 각 케이블이 가능하면 동일한 루트를 통과하도록 해서 몰딩이 너무 많지 않도록 하는 것이 좋다.

플러스 1 카테고리 6 이상의 케이블은 내부 구조가 복잡하기 때문에 케이블 가공이나 커넥터 압착에 꽤 익숙해져야 한다. 일반적으로 케이블을 직접 만들 수 있는 것은 카테고리 6A까지이다.

● **전문업체에 맡기는 경우의 흐름**

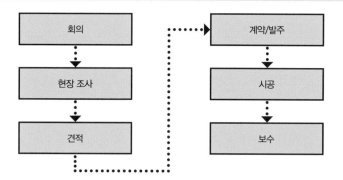

● **LAN 케이블은 직접 만들기도 가능**

케이블과 커넥터, 몇 가지 도구만 있으면 필요한 길이로 LAN 케이블을 직접 만들 수 있다.

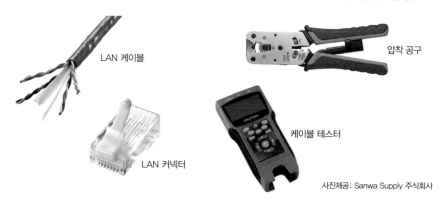

LAN 케이블

압착 공구

LAN 커넥터

케이블 테스터

사진제공: Sanwa Supply 주식회사

케이블을 바닥에 놓을 때는 보호용 몰딩(케이블 커버)을 시공하여 보호한다.

몰딩의 구조

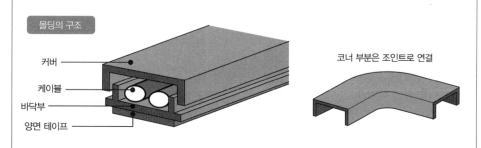

커버
케이블
바닥부
양면 테이프

코너 부분은 조인트로 연결

관련 용어   네트워크의 설계 P.170 | 이더넷 P.98

09 안정적인 전원 확보

컴퓨터나 네트워크 기기를 트러블 없이 가동시키기 위해서는 안정적인 양질의 전원 공급이 필수적이다. 기기 가동 중에 갑자기 전원이 끊기는 정전은 물론, 다양한 상황의 전원 품질에 대해서도 신경써야 한다. 전원과 관련하여 일어날 수 있는 주요 트러블로는 다음의 다섯 종류가 있다.

(1) 정전: 말 그대로 전력 공급이 끊기는 것이다. 라우터나 스위치에서는 작동 정지 이상의 문제는 잘 일어나지 않지만, 컴퓨터나 NAS(네트워크에 직접 연결되어 있는 하드드라이브 장치)에서는 작성한 데이터가 사라지거나 파일 시스템이 고장 나거나 시동이 걸리지 않는 등 심각한 피해를 입을 우려가 있다.

(2) 순간 정전: 수백 마이크로 초에서 수 밀리 초 정도의 짧은 시간에 상용 전원이 끊기는 현상을 말한다. 전력 계통 교체 공사 등에서 발생한다. 기기 오작동이나 컴퓨터 고장의 원인이 된다.

(3) 전압 강하: 상용 전원은 보통 220V라고 생각하기 쉽지만, 실제로는 일정 범위 안에서 변동한다. 건물 안에 동일한 배전 계통에 큰 전류가 급격히 흘러가는 기기(대형 모터류나 공조 등)가 있으면 해당 기기를 기동할 때 순간적으로 전압이 내려가는 경우가 있다. 전압 강하는 기기 오작동의 원인이 된다.

(4) 노이즈: 외부의 에너지가 전력선에 혼입되어 발생한다. 원인으로 강한 노이즈를 내는 산업용 기기나 번개 등이 있다. 기기 오작동의 원인이 된다.

(5) 스파이크나 서지: 몇 나노 초에서 몇 밀리 초 정도의 짧은 시간에 이상한 고전압이 걸리는 현상이다. 짧은 것을 스파이크, 긴 것을 서지라고 한다. 원인으로 낙뢰나 큰 전력을 소비하는 기기의 급정지 등이 있다. 스파이크나 서지는 기기 안의 전자회로 파괴나 기록 데이터의 소멸 등 심각한 피해를 일으킬 우려가 있다.

전원 트러블에 대한 대책으로 노이즈 필터나 서지 프로텍터를 갖춘 전원 탭을 사용하거나, UPS(무정전 전원 장치: 상용 전원이 끊기면 일정 시간 동안 배터리로부터 전원을 공급하는 장치)를 도입하는 방안을 생각할 수 있다.

플러스 1 　UPS에는 노이즈 필터나 서지 프로텍터가 내장된 것도 있다.

● 생각할 수 있는 전원 트러블

(1) 정전 ·····················전력 공급이 끊긴다
(2) 순간 정전 ·············전력 공급이 순간적으로 끊긴다
(3) 전압 강하 ·············전압이 내려간다
(4) 노이즈 ·················외부의 강한 노이즈가 전원에 혼입된다
(5) 스파이크·서지 ······단시간에 이상 전압이 나타난다

● 상용 전원의 전압은 변동한다.

콘센트의 전압은 항상 일정한 220V가 아니다. 전력회사의 공급 전압은 보통 일정 범위 안에서 완만하게 변동하고 있는데 사용하는 건물 안의 전기 사용 상황에 따라 변동이 일어난다

[어떤 개인 주택의 일주일 변동 예]

항목	전압 [v]
최대치	228.2
최소치	222.0
평균치	225.1

● 낙뢰가 원인인 스파이크와 서지에 주의

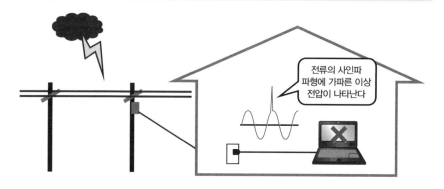

전류의 사인파 파형에 가파른 이상 전압이 나타난다

● 노이즈 필터나 서지 프로텍터가 내장된 UPS도 있다

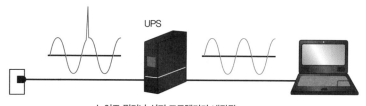

UPS

노이즈 필터나 서지 프로텍터가 내장된 UPS라면 리스크를 줄일 수 있다

관련
용어   네트워크 백업 P.194

10 네트워크의 다중화

LAN 케이블의 단선이나 트러블에 대비해, LAN 연결 루트를 이중으로 만드는 것을 생각해 볼 수 있다. 하지만 단순히 LAN 연결 루트를 중복해서 만들면 브로드캐스트 프레임이 LAN 안을 영원히 도는 브로드캐스트 스톰이 발생하여 네트워크가 다운될 수 있다. 예를 들어 오른쪽 그림에서 스위치 1과 스위치 3에는 서로 직접 연결되는 루트가 있고, 스위치 2를 사이에 두고 연결되는 루트도 있어 루프(고리)가 형성된다. 이 상태에서 스위치 1에 ARP와 같은 브로드캐스트를 사용하는 패킷이 도달했다고 하자. 브로드캐스트를 받으면 스위치는 그것을 수신 포트 이외의 모든 포트에 그대로 송출한다. 이 동작을 각 스위치가 하면 루프 부분을 브로드캐스트 프레임이 영원히 도는 이상 현상이 발생한다는 것을 알 수 있다(이 경우는 2방향). 이런 현상을 브로드캐스트 스톰이라고 한다. 브로드캐스트 스톰이 발생하면 이것이 네트워크 대역을 모두 소비해 버려 통신이 곤란한 상태가 된다. 또한, 대량의 브로드캐스트를 수신한 컴퓨터는 그 처리에 대처하느라 컴퓨터의 부하가 올라간다.

▓ 브로드캐스트 스톰을 회피하려면

하지만 다중화는 네트워크의 신뢰성을 올리는 효과적인 방법이다. 그래서 여러 루트를 만들어도 브로드캐스트 스톰이 발생하지 않는 방법이 고안되었다. 바로 스패닝 트리 프로토콜(STP: Spanning Tree Protocol)이다. STP를 사용하면 스위치가 루프가 생기는 포트를 무효로 만들어 주므로 브로드캐스트 스톰을 방지한다. 만일 사용하고 있는 루트가 고장난 경우는 무효로 만든 포트를 유효화해서 그쪽 루트를 사용해 통신을 재개한다. STP 외에도, 관리하기 쉽게 이중 구성을 만들 수 있는 스위치 스태킹 역시 많이 사용된다. 이것은 여러 대의 스위치를 스택(쌓아올림)하여 한 대의 스위치처럼 보이게 하는 것인데, 각각의 스위치에서 나온 케이블을 자식 스위치에 연결하여 양쪽을 묶어 사용한다. 이 구성의 경우 루프가 발생하지 않아 STP가 불필요하며 네트워크를 다중화할 수 있다.

플러스 1 브로드캐스트 스톰은 스위치끼리 루프를 형성한 경우에 발생하는데 라우터끼리는 발생하지 않는다. 왜냐하면 라우터는 브로드캐스트를 전송하지 않기 때문이다.

브로드캐스트 스톰이란?

브로드캐스트가 멈추지 않아 네트워크나 컴퓨터에 이상한 과부하를 초래하는 현상을 브로드캐스트 스톰이라고 한다.

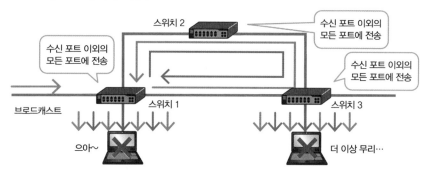

스패닝 트리 프로토콜이 브로드캐스트 스톰을 방지하는 이미지

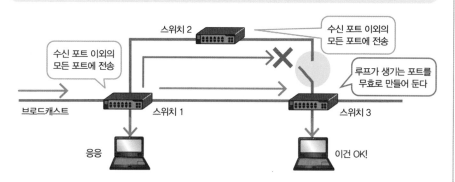

스위치의 스택 구성

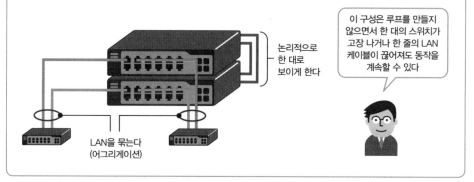

관련
용어   L2 스위치 P.100 | 브로드캐스트 P.66

11 네트워크 감시

네트워크가 정상적으로 작동하는지 감시하는 것을 네트워크 감시라고 한다. 감시 방법은 크게 두 가지가 있다. 기기가 자신을 감시하는 방법과 외부에서 기기나 네트워크를 감시하는 방법이다. 전자의 감시 방법은 기기의 기능에 의존하기 때문에 이 장에서는 후자에 대해 설명한다.

▌ 사활 감시와 상태 감시

외부에서 기기를 감시할 때 많이 사용하는 것이 '사활 감시'와 '상태 감시'이다.

사활 감시란 대상 기기에 PING(정확히는 ICMP ECHO 요청)을 보내 이를 받은 기기가 반환하는 응답을 확인함으로써 기기가 작동하고 있다고 간주하는 감시 방법이다. 이 감시 방법은 서버나 네트워크 감시에 많이 사용된다. PING 응답이 없는 경우 대상 기기 또는 경로 네트워크에 문제가 생긴 것이다. 어떤 문제인지 확인하기 위해 같은 경로를 거슬러 올라갈 수 있는 다른 기기도 동시에 감시하는 방법이 있다. 만일 한쪽 기기에서만 PING 응답이 되돌아온다면, 네트워크는 정상적으로 기능하고 있고 기기에만 문제가 있다고 추측할 수 있다.

상태 감시란 대상 기기가 내부에 갖고 있는 통계 정보를 읽어 들여 그 값으로부터 기기의 정상도를 확인하거나 이상을 찾아내는 방법이다. 사활 감시가 단순히 '작동한다/안한다' 만을 보는 데 반해, 상태 감시는 '기기의 부하율이 일정 값을 넘었다', '네트워크의 혼잡도가 기준을 돌파했다' 등 기기의 동작에 주목하여 감시할 수 있다. 하지만 감시 구조가 복잡해진다.

▌ SNMP와 감시 시스템

상태 감시에서 통계 정보를 읽어 들이는 수단으로 SNMP(Simple Network Management Protocol)를 많이 사용한다. SNMP로 정보를 읽어 들일 때는 정기적으로 외부에서 정보를 읽어 들이는 폴링과 기기가 자율적으로 정보를 송출하는 트랩이 있는데, 둘은 목적에 맞춰 구분하여 사용한다. 또, 사활 감시와 상태 감시 이외에 전용 감시 에이전트를 사용하여 네트워크 전체를 치밀하게 감시하는 소프트웨어도 있다. Linux에서 작동하는 Zabbix, Nagios 등이 그 중 하나다.

플러스 1   PING에는 대상까지 왕복하는 데 걸리는 시간을 측정하는 기능이 있다. 그 값의 변화를 계속 관찰함으로써 도중에 있는 네트워크의 혼잡 정도, 경로의 변화 등을 추측할 수 있다.

● **자주 사용하는 감시의 종류**

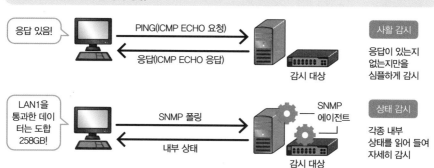

응답 있음!

PING(ICMP ECHO 요청)

응답(ICMP ECHO 응답)

감시 대상

사활 감시

응답이 있는지 없는지만을 심플하게 감시

LAN1을 통과한 데이터는 도합 258GB!

SNMP 폴링

내부 상태

SNMP 에이전트

감시 대상

상태 감시

각종 내부 상태를 읽어 들여 자세히 감시

● **사활 감시로 기기 고장인지 네트워크 고장인지를 구분하는 방법**

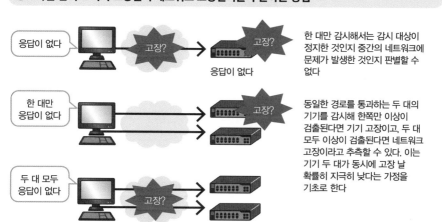

응답이 없다

고장?

고장?

응답이 없다

한 대만 감시해서는 감시 대상이 정지한 것인지 중간의 네트워크에 문제가 발생한 것인지 판별할 수 없다

한 대만 응답이 없다

고장?

동일한 경로를 통과하는 두 대의 기기를 감시해 한쪽만 이상이 검출된다면 기기 고장이고, 두 대 모두 이상이 검출된다면 네트워크 고장이라고 추측할 수 있다. 이는 기기 두 대가 동시에 고장 날 확률이 지극히 낮다는 가정을 기초로 한다

두 대 모두 응답이 없다

고장?

● **SNMP는 폴링과 트랩으로 상태 정보를 주고받는다**

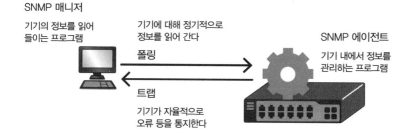

SNMP 매니저

기기의 정보를 읽어 들이는 프로그램

기기에 대해 정기적으로 정보를 읽어 간다

폴링

SNMP 에이전트

기기 내에서 정보를 관리하는 프로그램

트랩

기기가 자율적으로 오류 등을 통지한다

관련 용어 ICMP P.47 | 네트워크 명령 P.96

12 트러블 슈팅

네트워크의 동작에는 많은 요소가 관여하고 있어 그중 하나라도 문제가 생기면 '사용할 수 없다', '동작이 이상하다'와 같은 증상이 나타난다. 그래서 증상만을 보고 원인을 특정하기는 굉장히 어렵다. '서버에 연결할 수 없다. 네트워크가 이상하다'는 신고 하나만 봐도 그 원인으로 서버 문제, 라우터 문제, LAN 케이블 문제, 사람의 오조작 등 다양한 이유를 생각할 수 있다. 그래서 트러블이 발생했을 때는 '문제 구분'을 한다. 여기서 말하는 문제 구분이란 '문제가 발생했을 때 정상적으로 움직이는 부분과 문제가 있는 부분의 경계를 분명하게 하여 그 경계를 조금씩 이동시키면서 문제가 있는 부분을 좁혀 특정하는 것'을 가리킨다. 네트워크 트러블에 대해서는 먼저 문제를 구분해 원인이 되는 곳을 특정하고 그곳에서 원인에 대한 대처를 하는 순서를 일반적으로 사용한다.

▌ ping 명령을 사용하여 응답으로 구분

ping 명령은 어떤 컴퓨터에서 IP 주소를 갖고 있는 네트워크 기기나 서버에 대해 ICMP ECHO 패킷을 보내 상대가 그에 대한 응답을 반환하는지 아닌지를 조사하는 명령이다. Linux나 Windows 등 대부분의 OS에 똑같은 이름의 명령이 있다. PING 응답이 있다는 것은 LAN 케이블, 스위치, 라우터, 라우팅 등이 정상이라는 것을 의미한다. 레이어로 말하자면 네트워크 계층까지 정상적으로 기능하고 있다고 생각할 수 있다. ping 명령을 사용하여 통신 상대와의 루트 상에 있는 각 기기에 순차적으로 PING을 보내 어떤 기기까지 응답이 있는지를 살펴봄으로써 정상적인 부분과 문제가 있는 부분의 경계를 조사할 수 있다.

▌ dig나 nslookup 명령을 사용한 이름 해결의 가능 여부 구분

도메인명으로 지정된 상대와 통신할 때는 먼저 도메인명을 IP 주소로 변환하는 이름 해결을 한 다음 상대와의 통신을 시작한다. 이 일련의 동작이 어디까지 정상적으로 진행되는지를 확인하는 것도 문제 구분으로 이어진다. 예를 들어 '상대와 통신할 수 없다'는 증상이 나타난다면 먼저 dig 명령이나 nslookup 명령으로 이름 해결이 정상인지를 확인하고, 그것이 정상이라면 그 다음으로 상대까지의 도달 여부를 확인한다.

7

● **문제 구분으로 원인이 되는 장소를 특정한다**

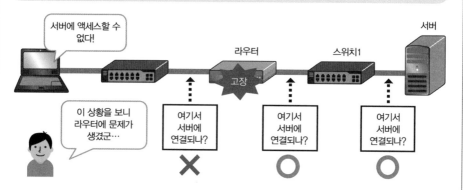

● **ping 명령을 사용하면 패킷 도달 관점에서 문제를 구분할 수 있다**

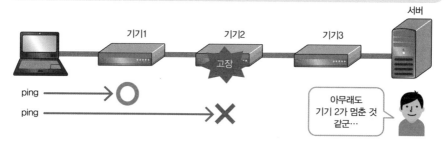

● **일련의 동작이 어디까지 정상인지를 구분하는 경우도 있다**

예를 들어 웹 브라우저에서 웹 서버에 액세스가 잘 안되는 경우는…

웹 서버에 액세스하는 순서

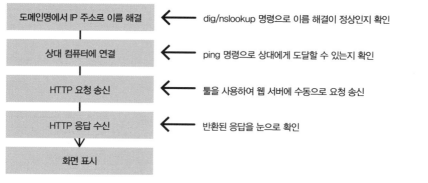

도메인명에서 IP 주소로 이름 해결	← dig/nslookup 명령으로 이름 해결이 정상인지 확인
상대 컴퓨터에 연결	← ping 명령으로 상대에게 도달할 수 있는지 확인
HTTP 요청 송신	← 툴을 사용하여 웹 서버에 수동으로 요청 송신
HTTP 응답 수신	← 반환된 응답을 눈으로 확인
화면 표시	

관련
용어 네트워크 명령 P.96 │ 사활 감시 P.190 │ 이름 해결 P.130

모바일 연결을 이용한 네트워크 백업

인터넷 연결이나 인트라넷 연결에 사용하는 WAN 회선에 대해서도 고장에 대비하여 이중화를 할 수 있다. 하지만 이를 본격적으로 하려고 하면 상당한 수고와 비용이 들기 때문에 최소한의 연결 수단만 필요한 경우에는 도입을 주저하는 경우도 있다. 그런 경우에는 모바일 연결을 사용한 네트워크 백업을 검토하는 것도 한 방법이다. 기종에 따라 달라지지만, 라우터에 '주요 WAN 회선이 끊겼을 때 모바일 연결을 사용하여 통신을 대체 확보'하는 기능이 있다면 이를 사용하여 비교적 간단하게 백업할 수 있다.

고속 통신이 가능한 모바일 통신 방식에는 기존에 사용해 오던 4G(규격 상 다운로드 최고 속도 1Gbps 정도)나 최근 서비스가 시작된 5G(규격 상 다운로드 최고 속도 10Gbps 정도)가 있다. 해당 거점에서 수행하는 통신의 특성이나 목적에 따라서도 달라지지만 5G가 이용 가능한 지역이라면 가능한 한 5G를 사용하는 편이 쾌적하다. 단, 실제 통신 속도는 모바일 회선을 사용하는 경우의 통신 환경에 따라 달라지며, 속도는 규격 상의 최고 속도를 크게 밑도는 것이 일반적이다. 모바일 회선은 광 회선과 비교하여 속도의 변동폭이 크다는 점, 요금이 높다는 점, 다운로드(망→단말기)는 빠르지만 업로드(단말기→망)는 느리다는 점의 특성이 있어 이를 잘 이해한 후 사용하는 것이 중요하다. 일반적으로 통신량이 많은 본사 등의 주회선 백업이나 업로드 통신이 많아지는 공개 서버의 백업에는 적합하지 않다. 전형적인 사용 예로는 지점이나 영업소에서 본사나 인터넷에 액세스하는 회선의 백업 등을 생각할 수 있다.

또한 모바일을 사용한 백업은 평상시의 WAN 회선 고장 대책으로 수행하는 것 외에 대지진이나 자연 재해 등으로 통신 서비스가 곤란할 때 등 비상 시 통신 수단을 확보하는 목적으로도 사용된다. 이 경우 발생할 수 있는 긴급 사태 상황이 많기 때문에 반드시 평상 시와 똑같이 통신 기능을 발휘할 수 있다고 단언할 수는 없다. 하지만 주회선과 다른 매체나 루트를 마련하여 다양성을 확보해 두는 것은 통신이 끊길 리스크를 감소시켜 줄 수 있다.

부록 • 보안 서비스 정보

보안과 관련된 유용한 정보원

사용하는 네트워크 기기나 소프트웨어에 보안 상 약점(취약성)이 발견되지 않았는지를 항상 파악해 두는 것은 네트워크 관리자나 시스템 관리자의 업무 중 하나이다. 일단 약점을 발견했으면 신속히 이를 고치거나 영향을 최소한으로 하기 위한 대책을 마련해 안전한 상태를 유지해야 한다. 대부분의 경우 기기의 펌웨어 업데이트나 소프트웨어 업데이트로 완료되지만, 상황에 따라서는 대상 기기를 일시적으로 멈추는 대책이 필요한 경우도 있다. 이를 위한 보안 정보가 거의 매일 다양한 네트워크나 소프트웨어에 대해 발표되고 있다. 어떤 방법으로든 그 정보를 모으고 그 중에서 자신에게 필요한 정보를 골라 선택할 필요가 있다. 다음 표에 소개하는 사이트는 유용한 보안 정보를 다수 제공하고 있으므로 활용하면 좋을 것이다.

단체 · 서비스명	URL	사용법
KISA 인터넷보호나라 (KrCERT/CC)	https://www.boho.or.kr	보안 관련 정보를 폭넓게 제공한다. 정보 보호를 위한 여러 서비스를 제공하므로 필요한 신청을 할 수 있다.
사이버 보안 취약점 정보 포털	https://knvd.krcert.or.kr	키워드나 제품명으로부터 취약점 정보를 검색할 수 있다.
국가사이버안보센터	https://www.ncsc.go.kr	사이버 보안과 관련된 정부 동향이나 새 정보를 알 수 있다.

INDEX

INDEX

INDEX